青年学术文库
Youth academic library

南京国民政府社会调查研究

任伟伟 著

岳麓书社·长沙

序 言

提及社会调查，今人已不陌生。然而在百年前的中国，它却是现代化进程中的新生事物。自西方引入之后，社会调查在中国从传统农业社会向现代工业社会转型的历史大潮中扮演了重要的角色，经历了从萌芽到产生再到蓬勃发展的各个历史阶段，为中国的学术研究和政府管理提供了新的方法和数据。近年来，民国时期的社会调查资料日渐成为学术界研究民国史所倚重的重要材料，其丰富的史学价值正在逐渐被挖掘，但是学界对其在近代政府管理方面的研究价值则较少涉及。任伟伟《南京国民政府社会调查研究》一书对于全面认知近代政府社会调查在社会变迁中的作用具有重要的学术价值和现实意义。

近代中国政府社会调查肇始于清末新政时期，中经北洋政府时期，至南京国民政府时期形成规模。作者为写作此书，查阅了大量资料，全面考察了南京国民政府主持的社会调查，为我们真实地呈现了南京国民政府时期政治、经济以及社会生活的风貌。

该书首先对南京国民政府社会调查进行了整体研究，然后选取了国防设计委员会与资源委员会、地质调查所作为个案进行考察，并且将山东省政府作为地方政府的典型进行分析，力求点面结合，全面展示南京国民政府社会调查的整体面貌；另外该书分别对南京国民政府、地质调查所和山东省政府的社会调查数量做了统计，并在此基础上做出进一步分析，力求反映南京国民政府时期社会调查的整体状况和特点。

在研究方法上，作者注重宏观与微观、理论与数据的结合，巧妙地实现了整体研究与个案分析、定量分析与定性研究的相辅相成，科学方法的运用无疑使本书增色不少。

当然，本书还存在一定的不足之处，比如在理论支撑方面还需要进一步探索。

任伟伟是在山东师范大学历史文化学院就读的硕士，进入山东大学历史文化学院攻读博士之后，我是她的指导老师之一，她作为一名博士生，刻苦努力，虚心好学，是同级学生中的佼佼者。本书是其在博士学位论文的基础上修改而成的，内容丰富，观点中肯，读者尽可以评析。

任伟伟现任教于济南大学，我希望这位年轻的学者继续发扬山东大学历史系刻苦努力、严谨治学的优良传统，在教学与科研方面做出更优异的成绩，撰写出更加引学界瞩目的学术研究专著。

是为序。

吕伟俊

2014 年 7 月 20 日

目 录

绪 言

一、选题意义

1. 理论意义

现代意义上的社会调查作为一种科学的社会研究方法，在中国近现代史上占有非常重要的地位。它肇兴于清末，活跃于民国，尤其在20世纪二三十年代达到高潮，时人称之为“社会调查运动”。此次运动参与主体广泛，从民间到政府纷纷参与其中，内容多样，涉及经济、政治、文化以及社会生活等各个方面，并运用了西方先进的理论，包括现代经济学、统计学、人类学、社会学等，成果卓著，为我们呈现了大量的调查报告，展示了民国社会生活的场景。时人之所以热衷于社会调查，一方面是出于学术发展的需要，另一方面是出于建设国家的需要，然而更多的是二者兼而有之，可以说社会调查在中国的兴起具有学术意义和社会意义上的双重内涵。如果将调查主体具体界定到政府，毫无疑问，其社会调查目的更加倾向于国家建设和社会改良，南京国民政府正是如此。因此全面认知南京国民政府社会调查的勃兴，对于了解近代中国的国家建设和社会改良具有重要的理论意义。

2. 学术价值

民国时期的大量社会调查资料是反映民国社会生活的一面镜子，记载着20世纪上半叶中国社会所发生的历史巨变，近年来已逐渐引起了学术界的重视，很多学者都据此写成了一系列受学术界普通关注的著作。但是由于材料比较零散冗杂，对其搜集整理存在着一定的困难，再加上以前对于社会调查学术史的重视程度不够，因此系统地阐述和分析这些调查材料的著作尚未出现，这是民国史研究的一大缺憾。然而，辩证地看，它又是开启民国史研究新局面的关键，正如《民国时期社会调查丛编》的责任编辑张永钦所说，民国时期社会调查对我们研究和认识近代中国社会的演变具有重要的学术价值，是中国现代社会科学学术系谱兴起的记录，对现代学科学术流派兴起史的研究和现行教育都有着宝贵的参考价值。笔者非常赞同这种观点，这也是研究民国时期社会调查的学术价值所在，具体表现在：首先，丰富了社会史的研究。重视社会史的研究是历史研究的应有之义。马克思说："现代历史著述方面的一切真正进步，都是当历史学家从政治形式的外表深入到社会生活的深处时才取得的。"① 社会调查资料正是研究社会生活的重要载体，是当时经济、文化与社会生活等各方面的反映，是我们考察时人生活的重要历史资源，对其探讨有助于丰富民国社会史的研究。其次，将社会调查作为一个值得关注的历史现象——一种新兴的社会行为和学术活动方式，来加以整体关注和专门深入的研究，这属于中国近代史研究的内涵。社会调查史是中国近现代史的重要组成部分，因其本身属于社会学，所以对其进行研究，特别是对其中的社会调查方法的探讨则有利于丰富中国近现代史的研究理论，促进历史社会学以及历史

① 中共中央编译局. 马克思恩格斯全集：第12卷［M］. 北京：人民出版社，1962：450.

统计学的发展。第三，丰富了社会学史的研究。由于社会调查最初被定义为社会学的一种研究方法，我国最初的社会调查也大多是由社会学家主导的，因此，在回顾社会学史的时候，社会调查史也是其中不可或缺的重要组成部分，更为重要的是，社会调查在社会学的中国化进程中发挥了不可替代的关键作用。因此，正确地分析和利用民国时期的社会调查资料对于民国史的研究有较强的学术价值。

3. 现实作用

“史学研究的功用不仅仅在于重建历史、恢复历史的本来面目，而且还在于为当下的经济和社会发展提供有现实价值的理论指导与借鉴。”① 本书符合这一要求。我国实地社会调查发轫于清末，随着西方社会学理论的传入，针对中国现状的社会调查也逐渐兴盛起来，这种调查为解决当时中国的社会问题提供了现实的依据。时至今日，调查已经深入到人们社会生活的方方面面，成为一种常规化的研究手段和技术。然而，20 世纪初的社会调查自始至终散发着巨大的魅力，其调查成果“凝聚了代表当时比较先进的中国知识分子对各种自然、社会及政治、经济等问题的分析、透视以及为解决这些问题所提出的对策和建议，具有非常重要的现实借鉴价值”②。

二、学术史综述

社会调查作为一种社会行为古已有之，但现代意义上的社会

---

① 吕伟俊. 序［M］//聂家华. 对外开放与城市社会变迁——以济南为例的研究（1904—1937）. 济南：齐鲁书社，2007：序（2）3.

② 李文海. 前言［M］//李文海，夏明方，黄兴涛. 民国时期社会调查丛编：文教事业卷. 福州：福建教育出版社，2004：前言 2.

调查则肇兴于18世纪的欧洲。中国在19世纪末出现了社会调查，并逐渐吸引了大批有志于改造中国的进步人士。他们积极参与社会调查运动，并由此推动了官方社会调查的发展，晚清政府社会调查即是如此。清末新政时期，清政府为了稳固其统治，开始采用这一先进的方式为其新政保驾护航，同时也为我们留下了一批重要的调查资料。如果说晚清政府的社会调查仅仅是“小荷才露尖尖角”的话，那么民国政府的社会调查则已是枝繁叶茂了。我们常常用运动来形容民国时期社会调查的发展，足见当时社会调查规模之巨大、影响之广泛。近年来，这批调查资料逐渐得到学术界的重视。

（一）材料整理工作

民国时期社会调查资料浩如烟海，但对其的整理利用却相对滞后。近年来，在海内外学人的共同努力之下，主要取得如下成果：

美国中文资料中心和台湾成文出版有限公司1977年出版了《民国二十年代中国大陆土地问题资料》，共200册，由萧铮主编，这些资料主要是1932—1940年国民党中央政治学校地政学院的学生通过实地调查，对全国19省180余市县土地问题所作的论文和调查报告，共有166篇论文、178篇调查报告，此外还有大量的调查日记，是研究国统区土地问题的宝贵资料，已为不少学者所引用。这套资料是当时地政学院的学生为准备硕士论文而进行的社会调查成果，它的优点是调查者的文化素养比较高，调查报告具有较高的水准，但它的不足之处也比较明显，那就是调查者在选择调查区域时，多数会选择自己的家乡，这就产生了一个样本可信度的问题。另外调查者在进行调查时，偏重于官方资料，真正深入地方的比较少，纵有深入地方者，也常有官员的陪同，使得农民不敢讲真话，因此影响了调查结果的可信度。

另外，日本东京岩波书店 1952—1958 年出版了《中国农村惯行调查》，这是根据日本南满洲铁道株式会社在中国华北、东北等地的调查结果编写的，内容包含了政治、经济、军事、文化、自然资源等方方面面，共六卷，是日文版。由于当时日本进行调查具有为侵略中国服务的本质与特性，因此这批调查资料也为中国人所诟病，但这些调查资料有重要的参考价值，现在也被越来越多的学者所引用。

由李文海先生主编、福建教育出版社 2004 年出版的《民国时期社会调查丛编》是突破民国社会调查材料零散这一弊端的开山之作，它收录了 193 种文献，其中包括一些当时印行的书籍、论文以及一些手稿和油印本，采用丛编的形式，按内容分为十卷，包括文教事业、乡村社会、宗教民俗、城市（劳工）生活、底边社会、社会组织、婚姻家庭、社会保障、人口、少数民族等方面，不但为我们了解民国社会提供了翔实而又宝贵的资料，也是我们研究学术调查史的第一手资料。后来，《民国时期社会调查丛编（二编）》《民国时期社会调查丛编（三编）》也相继由福建教育出版社出版，入选的都是各领域中非常经典，但一般又不易查找的调查资料，这为研究民国史提供了极大的方便。

同时期的中国共产党的社会调查也有一些已经结集出版，如由中共中央文献研究室编、人民出版社 1982 年出版的《毛泽东农村调查文集》，里面收录了毛泽东在苏区进行的寻乌调查、兴国调查、东塘等处调查、木口村调查、长冈乡调查、才溪乡调查等，这几个调查都是在土地革命时期进行的；又如中共党史出版社 1994 年出版的《张闻天晋陕调查文集》。此外，尚有大量的调查资料散见于各种资料汇编中。

（二）研究现状

1. 整体性研究

早在民国时期，就已经有人对当时的社会调查运动进行研究，比如李景汉、刘育仁。尽管李刘二人均写过《中国社会调查运动》（前者刊于《社会学界》1927 年第 1 卷，后者为燕京大学学士毕业论文）题对于当时社会调查状况进行了研究，但是他们针对的时间段是不同的。李景汉的文章时间段界定为 1914—1927 年，刘育仁的文章则为 1928—1935 年，这种时间段的不同也使得他们论述的运动的阶段是不同的，李景汉描述的是运动的初步萌芽和发展阶段，而刘育仁则将关注点集中在运动的高潮部分。李景汉简单回顾了社会调查运动十余年取得的成就，强调了社会调查不仅有学术意义，而且对于改良社会有极大的帮助，指出了当时在中国从事社会调查所面临的困难，提出了希望与政府合作培养社会调查人才的想法。总的来讲，这篇文章是一种概括性的描述，并没有深入地分析。刘育仁的文章最大的特点是将中国社会调查运动的成果量化，以统计数字的形式精确地表现了 1928—1935 年中国社会调查运动的内容、时间和地域上的分布情况。这篇文章在研究方法上有着很大的贡献，事实上就是社会学方法之一——定量分析与定性分析相结合的方法。他通过统计数字得出结论——社区研究正在取代社会调查。但该文有着一定的时代局限，因为当时社会调查派和社区研究派正处在纷争阶段，作者倾向于证明社区研究的正确性，从而忽视了中国社会调查运动的复杂性。用现代的眼光来看待当年的纷争，我们也许会得出比较客观的结论。

过去一段时间，民国时期社会调查史并没有受到重视。最近几年，局面有所改观，出现了不少成果。

中国人民大学王万俊的《社会调查方法的研究与社会调查方

法的运用——二十世纪上半叶中国社会调查方法的构成解析》是一篇博士论文，该文主要是从调查方法的角度来分析问题的，作者将社会调查方法分为研究型和应用型，并且指出了民国时期社会调查的基本特征，这对我们考察民国时期社会调查方法颇有裨益。

中国人民大学李章鹏的《现代社会调查在中国的兴起：1897—1937》也是社会学史领域内不可多得的一篇博士论文。文章探讨了现代社会调查兴起的过程及其表现，并且以个案的方式透视了现代社会调查的兴起与学术现代化及社会改造的关系。作者对于民国时期社会调查的肇兴问题提出了自己新的见解，并且搜集到大量的社会调查报告，资料比较全面，但他主要是从社会调查与学术发展的角度来进行探索的，对于社会调查与社会发展层面关注较少。

另外，值得注意的是，中国人民大学清史研究所内以李文海先生为中心形成了一个专门研究清末民初社会调查的团队。近年来成果突出，除了上文所提到的李章鹏在资料整理方面的突出贡献之外，2007 年中国人民大学与福建教育出版社以“清末民国社会调查与现代中国社会科学的兴起”为题联合举行了一次大型学术研讨会，这次研讨会标志着清末民初社会调查研究在学术界已开始受到重视。在这次研讨会上，与会专家一致认为，社会调查作为一种社会研究的方法，对于近代中国社会科学的“中国化”进程，发挥了不可替代的作用。黄兴涛和夏明方教授还将这次研讨会的内容收录在《清末民国社会调查与现代社会科学的兴起》① 一书中，其中数篇论文对清末民初社会调查运动与现代中国社会科学的兴起做了分析，认为社会调查对近代中国社会科学的“中国化”进程有不可替代的作用，同时，现代社会科学的发

① 黄兴涛，夏明方．清末民国社会调查与现代社会科学的兴起［M］．福州：福建教育出版社，2008．

展也为社会调查的勃兴提供了助力。

关于南京国民政府社会调查学术史的研究，目前专门的论著比较少见，但是散见于大量有关社会调查方法的书籍中。这些书中都有关于社会调查史的回顾，但在讲到民国社会调查时，比较重视的是民间社会调查，对于政府所做的社会调查着墨不多。

2. 专门性研究（从调查内容的角度划分）

关于民国时期社会调查的划分方式有多种，可以按照不同的调查主体进行划分，也可以按照不同的调查内容进行划分。本书在此按照调查内容对已有的社会调查成果进行划分。

农村调查：

关于民国时期的农村社会调查，研究成果比较丰富，并且整体性研究居多。

陶诚认为1925—1935年中国掀起了一股农村调查热，调查不下9000次之多，他按照不同的调查主体对于当时的农村社会调查进行了概述。① 据笔者所知，这是最早的一篇按照调查主体的不同对于民国时期的社会调查进行分类描述的文章，其后很多人的文章都是以此为基础的，比如侯建新《二十世纪二三十年代中国农村经济调查与研究述评》②、张泰山《20世纪30年代前后的中国农村经济调查与成果回顾》③、郑清坡《试论民国时期农村调查的兴起与发展》④ 等文，均试图按照不同的调查主体对当时中国农村社会调查状况做一整体的描述。陶诚的文章是民国农村社会调查史研究的开山之作，但是该文

---

① 陶诚. 30年代前后的中国农村调查 [J]. 中国社会经济史研究，1990 (3)：92—98.

② 侯建新. 二十世纪二三十年代中国农村经济调查与研究述评 [J]. 史学月刊，2000 (4)：125—131.

③ 张泰山. 20世纪30年代前后的中国农村经济调查与成果回顾 [J]. 湖北师范学院学报（哲学社会科学版），2002 (1)：80—85.

④ 郑清坡. 试论民国时期农村调查的兴起与发展 [J]. 河北大学成人教育学院学报，2008 (1)：88—90.

在论述方面相对简单。

相比以上成果，郑清坡《民国时期农村经济调查与近代中国农业经济学的兴起》一文则更为深入。他在吸收前人成果的基础上，对民国时期农村经济调查兴起发展的过程及原因，尤其是进行了较为全面系统的总结。文章的突出之处是对当时的农村经济调查与现代农业经济学兴起的历史关系进行了初步探讨。①

曹幸穗《民国时期农业调查资料的评价与利用》② 一文对民国时期不同调查主体进行的中国农村调查进行了述评，着重分析了这些调查资料三方面的缺陷。同时曹幸穗也认为民国时期的农村经济调查，尽管由于调查主持者的主观动机和出发点不同，调查方法和调查内容侧重点不同，可能存在这样那样的缺陷，但它们都有一个明显的共同点，那就是基本上都采用了经济人类学和社会学的一般原理和方法，或多或少地包含了某些科学的成分，这与民国之前的农业经济史资料有着本质区别。但是该文存在一定的不足之处，那就是调查主体不全面，没有将毛泽东等中国共产党人的调查包含在内。在 1999 年 9 月东京召开的“中华民国期的经济统计：评介与推计”国际研讨会上曹幸穗教授提交了这篇论文。

另外，有学者对主持中国农村调查的著名人物进行了研究，并且采取了新的视角。卜凯是个非常有争议的农业经济学家，盛邦跃撰文为其正名，他在《对卜凯的中国农村社会调查的再认识》③ 一文中分析了 20 世纪二三十年代两次大规模的农村社会调

---

① 郑清坡. 民国时期农村经济调查与近代中国农业经济学的兴起［M］//黄兴涛，夏明方. 清末民国社会调查与现代社会科学的兴起. 福州：福建教育出版社，2008：191—238.

② 曹幸穗. 民国时期农业调查资料的评价与利用［J］. 古今农业，1999（3）：15—26.

③ 盛邦跃. 对卜凯的中国农村社会调查的再认识［J］. 学海，2001（2）：119—123.

查的有关资料与成果，认为迄今为止我国理论界对卜凯关于中国农村社会调查的认识带有很大的片面性和局限性，其历史价值未得到充分发掘。文章运用马克思主义的世界观和方法论，试图将对调查材料及其成果的价值问题、中国农村土地制度与土地利用问题和农业生产的经营问题这三个方面的简要分析，作为对卜凯的中国农村社会调查进行再认识的初步尝试。

陈翰笙也是当时农村经济调查的领军人物。李章鹏在《20世纪二三十年代陈翰笙农村调查的历史考察》① 一文中对陈翰笙所做的农村调查进行了评价，认为其以精确的调查对中国社会性质做了科学分析，对当时席卷全国的农业危机做了深切的诊断，并在调查过程中形成了其调查的两个特点：调查紧紧围绕生产关系而展开和使用阶级分析方法。同时，李章鹏对其调查的缺陷也进行了深入的分析，认为过分地强调生产关系限制了他的理论视野。

下面笔者再简要介绍一下农村经济调查学术史的地方性研究成果。

定县调查是由李景汉主持的，李金铮在《定县调查：中国农村社会调查的里程碑》② 一文中肯定了定县调查在中国社会调查史上里程碑式的意义，认为其具有以下几个特点：由狭及广的县级农村调查、学理与实用的双重目的、调查环境利与弊的影响、传统社会关系与先进调查方法的结合，其调查内容既可作为社会变迁的基线，也是历史学者最有力的论据之一。这篇文章资料运用非常丰富，而且切入点比较新颖。

---

① 李章鹏．20世纪二三十年代陈翰笙农村调查的历史考察［J］．河北学刊，2006（2）：118—122．

② 李金铮．定县调查：中国农村社会调查的里程碑［J］．社会学研究，2008（2）：165—191．

杨学新、庞琳对河北农村调查进行了撰文述评，认为河北农村状况调查是当时中国农村调查的重要组成部分，调查充分体现了主体的多样性、内容的广泛性、方法的多元性、类型的全面性等，是全面深入了解近代中国农村社会状况的宝贵历史资料。① 这篇文章对当时河北农村调查的特点分析得比较透彻。

边疆调查：

南京国民政府成立之后，由于西南边疆危机等原因，政府对边疆少数民族地区开展了一系列社会调查，掌握了大量的资料，为促进少数民族的开发和建设提供了现实的依据，这些调查资料也成为当时民族学、人类学在中国兴起和发展的重要表现形式。在这方面研究成果比较突出的是马玉华，他分别介绍了民国政府对贵州少数民族、西南边疆少数民族、云南土司的历次调查情况以及成绩与不足。② 此外，其他学者也有一些新的看法，赵心愚、秦和平发表的《〈康区藏族社会历史调查资料辑要〉概说》③，广西师范大学秦海燕发表的《近代广西瑶汉民族关系管窥——从〈两广猺山调查〉说起》④ 等都提出了比较有新意的观点。

王建民、张涛合著的《在现代性与国家之间——对 20 世纪

① 杨学新，庞琳. 20 世纪二三十年代河北农村社会状况调查述评［J］. 河北学刊，2010（4）：203—207.

② 马玉华. 试论民国政府对贵州少数民族的调查［J］. 贵州民族研究，2005（2）：134—141；马玉华. 20 世纪上半叶民国政府对西南边疆少数民族的调查［J］. 中国边疆史地研究，2005（1）：105—113；马玉华，齐逾. 国民政府对云南土司的调查［J］. 贵州民族研究，2004（4）：150，176—181.

③ 赵心愚，秦和平. 《康区藏族社会历史调查资料辑要》概说［J］. 天府新论，2004（6）：109—112.

④ 秦海燕. 近代广西瑶汉民族关系管窥——从《两广猺山调查》说起［J］. 广西右江民族师专学报，2005（2）：23—27.

前期少数民族调查的再认识》① 一文将近代中国民族问题的调查与研究置于现代性叙事的引入和现代国家认同的历史视野下加以把握，体现了其科学化与国家化的时代趋势及相关特征，并且总结了田野调查、民族志调查等方法不断发展的历史过程。

胡鸿保、马伟华合著的《主客互渗——对于“民国时期少数民族社会调查”的重新思考》② 一文是从调查主体变动及其学术意义的角度来研究的。他们提出：民国时期有关少数民族的地区的调查研究经历了外国学者、汉族学者和少数民族的本族学者等主体的变化和相互作用，不同主体的调查，各有不同的学术价值。

应该说这两篇文章都是比较有深度的，运用了新的理论方法和视角来探讨民国时期少数民族的社会调查，较之以往注重叙述的文章有了新的突破。

人口与土地调查：

南京国民政府对人口和土地也做了一系列的调查，关于这方面的文章主要有：萧承勇曾撰文介绍了1934年10月至1935年4月南京国民政府开展国土调查的来龙去脉；③ 米红、蒋正华合著的《民国人口统计调查和资料的研究与评价》④ 一文通过对民国人口调查制度与民国历次人口统计调查经过的研究，对现有民国人口资料进行了整理与汇总，并结合了现有的回顾性抽样调查资

① 王建民，张涛．在现代性与国家之间——对20世纪前期少数民族调查的再认识［M］//黄兴涛，夏明方．清末民国社会调查与现代社会科学的兴起．福州：福建教育出版社，2008：239—254.

② 胡鸿保，马伟华．主客互渗——对于“民国时期少数民族社会调查”的重新思考［M］//黄兴涛，夏明方．清末民国社会调查与现代社会科学的兴起．福州：福建教育出版社，2008：255—270.

③ 萧承勇．民国惟一一次国土调查［J］．民国春秋，2001（3）：61—62.

④ 米红，蒋正华．民国人口统计调查和资料的研究与评价［J］．人口研究，1996（2）：44—52.

料对民国人口资料进行了分析与评价。而在另一篇文章中米红等人分析比较了清末民初的两次人口调查，认为这两次调查尽管存在着不完整性，但是他们所得的数据依然有较高的利用价值。①侯杨方认为米红等人在运用的方法、论证的逻辑与引用的资料上有不少明显的缺憾和错误。②

王大任《近代中国人口调查的现代化过程与方法论演进》③一文尝试将近代人口调查的历史进程同人口学的兴起和近代中国社会变迁结合起来。他研究的重点集中在人口调查的曲折性和调查方法的演进过程上。文章认为以往的人口调查史研究忽略对人口调查过程中所遭遇的困难及其具体应对措施的关注，而这些内容恰恰最能反映人口调查与社会及人口学研究的关系。另外文章还从各个方面对近代中国人口调查方法进行了考察，对于今天探索和研究具有一定启示。

近年来还出现了对民国时期地方性人口调查工作的研究，比如郑发展在《民国时期河南人口统计调查述论》④一文中提出民国时期河南人口统计准确程度之差居全国首位，并重点分析了导致这种现象的原因。

3. 以学科发展为切入点进行的研究

社会调查与近代社会科学的传入、发展几乎是同步的，社会调查影响了统计学、社会学以及经济学的发展，因此很多学者开

---

① 米红，李树茁，胡平，等. 清末民初的两次户口人口调查［J］. 历史研究，1997（1）：58—72.

② 侯杨方. 宣统年间的人口调查——兼评米红等人论文及其他有关研究［J］. 历史研究，1998（6）：133—146.

③ 王大任. 近代中国人口调查的现代化过程与方法论演进［M］//黄兴涛，夏明方. 清末民国社会调查与现代社会科学的兴起. 福州：福建教育出版社，2008：132—190.

④ 郑发展. 民国时期河南人口统计调查述论［J］. 河南社会科学，2008（5）：154—157.

始从近代人文学科发展史的角度考察社会调查，并且已经取得了一定的成果。

黄兴涛和李章鹏是从统计学与社会调查发展关系的角度来研究的，两人合著的《现代统计学的传入与清末民国社会调查的兴起》① 一文，将视角集中在统计分析对于清末民国社会调查和学术研究的影响上，重点对现代统计知识传入中国和现代统计学在中国的传播过程进行了考察，揭示了其对清末民国社会调查发展的影响。

朱浒、赵丽以及李章鹏对社会调查与社会学中国化的关系进行了探讨，认为社会调查的发展在社会学的中国化进程中发挥了较大的作用。

朱浒、赵丽合著的《燕大社会调查与中国早期社会学本土化实践》② 一文通过对燕京大学社会学系社会调查论文进行分类整理，全面介绍了当时燕京大学的社会调查状况，并且着重指出，这批调查诞生于社会学和人类学刚刚传入中国之际，真切地反映了这些学科扎根中国的全过程，从而构成了中国早期社会学本土化的重要实践环节。

李章鹏《社会调查与社会学中国化——以 1922—1937 年燕京大学社会学系为例的研究》③ 一文正是在上文的基础上进行了进一步的探讨，他以 1922—1937 年燕京大学社会学系为例，探讨

---

① 黄兴涛，李章鹏．现代统计学的传入与清末民国社会调查的兴起［M］//黄兴涛，夏明方．清末民国社会调查与现代社会科学的兴起．福州：福建教育出版社，2008：1—46．

② 朱浒，赵丽．燕大社会调查与中国早期社会学本土化实践［J］．北京社会科学，2006（4）：45—53．

③ 李章鹏．社会调查与社会学中国化——以 1922—1937 年燕京大学社会学系为例的研究［M］//黄兴涛，夏明方．清末民国社会调查与现代社会科学的兴起．福州：福建教育出版社，2008：47—91．

了社会调查与社会学中国化的关系，分析了燕京大学社会学系社会调查各阶段发展的特点，明确了社会调查在社会学中国化进程中的角色和地位，分析更加透彻深入。

另外还有学者专门就社会调查在思想领域中的作用进行了论述，李志英、傅奕群指出，社会调查的兴起促进了国人科学观念的发展，改变了中国传统的思维方式，代之以一种科学的精神和方法论，反映了科学精神向社会科学领域的扩张和国人价值观的转变。①

4. 对中国共产党社会调查的研究

中国共产党历来注重社会调查，毛泽东提出了“没有调查，就没有发言权”②。在他的倡导下，中国共产党进行了大量的调查。近年来，关于中国共产党调查的研究成果也比较多，首先是专著方面，由孙克信、于良华等编著，中国社会科学出版社 1984 年出版的《毛泽东调查研究活动简史》是一本带有史料性质的著作，该书以史为线索，贯彻体现史论结合、历史和逻辑相一致的原则，对毛泽东的调查研究活动做了比较系统的历史的考察，介绍了毛泽东调查研究理论的形成、发展及实践的历史过程，阐明毛泽东调查研究活动的基本内容、特色，以及他在调查研究活动的实践和理论上所做的卓越贡献。

关于中国共产党的社会调查，比较有代表性的两个人是毛泽东和张闻天。对毛泽东的社会调查多数研究者将研究重点集中在毛泽东调查思想的形成过程、内容、特点及其意义方面，如湖南师范大学刘圣陶 2007 年博士论文《毛泽东调查研究思想探析》

---

① 李志英，傅奕群．民国初年国人科学观念的升华——从社会调查兴起角度的考察［J］．科学与无神论，2008（4）：21—25.

② 毛泽东．反对本本主义［M］//毛泽东选集：第 1 卷．北京：人民出版社，1991：109.

详细地考察了毛泽东调查研究思想所处的历史背景、发展阶段、主要贡献以及在不同历史阶段的弘扬和发展。河北大学张希中2007年硕士论文《毛泽东调查研究思想研究》、河南大学贺心群2008年硕士论文《毛泽东调查研究思想探析》也对毛泽东调查研究思想进行了研究。关于张闻天，上海师范大学吴欣2006年硕士论文《论张闻天调查研究的理论与实践》以调查研究作为考察张闻天一生的主线，总结了张闻天调查研究的主要特色，评述了张闻天对于毛泽东调查研究思想的理论贡献。

5. 对于日本人调查的研究

关于日本人在中国的调查，近年来也有研究成果问世。

李巨澜《20世纪上半期日本在中国农村惯行调查述评》① 一文概述了日本对中国台湾、东北和华北地区所做的惯行调查，指出这些调查一方面具有很强的侵略性，另一方面又有较强的学术性，并且运用了先进的理论模式，给学术界提供了丰富的资料。满铁调查部是当时日本在华的一个重要的调查机构，日本对中国农村的惯行调查就是由这个机构开展的。曹幸穗《满铁的中国农村实态调查概述》②《满铁资料的史料学价值》③ 等对满铁调查部工作做了概述。另外，陈锋《清末民国年间日本对华调查报告中的财政与经济资料》④ 一文梳理了晚清、民国这两个时期日本对华调查报告的资料，为研究者提供了大量的史料来源。

---

① 李巨澜. 20世纪上半期日本在中国农村惯行调查述评［J］. 河南师范大学学报（哲学社会科学版），2004（4）：146—149.

② 曹幸穗. 满铁的中国农村实态调查概述［J］. 中国社会经济史研究，1991（4）：104—109.

③ 曹幸穗. 满铁资料的史料学价值［J］. 世纪桥，2000（3）：62—63.

④ 陈锋. 清末民国年间日本对华调查报告中的财政与经济资料［J］. 近代史研究，2004（3）：291—314.

6. 区域调查研究

由魏宏运主编、人民出版社 2003 年出版的《二十世纪三四十年代太行山地区社会调查与研究》一书，研究了 20 世纪三四十年代太行山地区农业改革、农村借贷网络、商业与集市贸易、工矿业的社会调查。

吴建雍在《民国初期北京的社会调查》① 一文中提出了推动北京社会调查兴起的重要因素：一为新文化运动，一为西方社会学的传入，并对当时北京进行的几项大规模社会调查进行了简单介绍和评论，尤其对甘博进行的北京社会调查，作者认为是比较客观和严谨的。

7. 其他

需要注意的一点是，当时政府对调查工作与统计工作的区分并不明显，很多社会调查事实上是由政府统计部门完成的，所以我们应当注意这方面的著作。由朱君毅所著、中国统计出版社 1988 年出版的《民国时期的政府统计工作》叙述了 1912—1949 年民国政府时期的统计工作，介绍了这个时期的政府统计机构设置、统计方法及几项大的国情调查；由莫曰达所著、中国统计出版社 2006 年出版的《中国近代统计史》介绍了自 1840 年鸦片战争后直到 1949 年中华人民共和国成立之前，中国统计理论和统计活动的演变情况，分三个阶段进行论述，内容包括政府统计组织、统计法规、统计制度、统计理论、统计方法的应用、民间统计团体及其统计学术活动、解放区的调查研究思想和调查统计活动等。

马敏、陆汉文合著的《民国时期政府统计工作与统计资料述论》② 一文对于当时政府统计机构的设置、统计工作的开展以及

---

① 吴建雍. 民国初期北京的社会调查［J］. 北京社会科学，2000（1）：79—86.

② 马敏，陆汉文. 民国时期政府统计工作与统计资料述论［J］. 华中师范大学学报（人文社会科学版），2005（6）：116—129.

统计成果做了论述。这些史料具有很大的价值，但是史料的考证与整理工作也面临着很大的困难。

总结以上研究成果，笔者认为，就民国社会调查这一论题而言，史学界已经进行了一定的研究，某些方面的考察和分析应该说是比较系统和深入的，具体地讲，有以下方面值得肯定：

第一，研究者们通过对民国时期中国社会调查活动的具体考察，清楚地勾勒出了社会调查运动的发展脉络，并通过对于不同调查主体的梳理为区分和思考各种不同调查主体的目的奠定了基础，展示了社会变迁时期时人为探索中国现代化之路所做的努力。这些正是笔者研究南京国民政府社会调查所必需的前提。

第二，研究者对社会学家和中国共产党的社会调查活动的考察和分析较为系统。社会学家的调查活动其专业性和科学性较强，在方法论上对中国社会调查事业贡献颇大，并在促进学科发展方面成就卓著，研究者们对此关注甚多，并有多种成果问世。关于中国共产党社会调查的研究，比较有影响的是人物研究，主要集中在毛泽东、张闻天、陈翰笙等人身上，尤其是对于毛泽东的研究比较深入。这些成果，均是笔者研究南京国民政府社会调查所需要借鉴和吸收的。

第三，研究者在社会调查与学科发展关系方面的研究已经取得了不俗的成就，尤其是从社会学角度对社会调查的发展历程以及其间各派别之间的种种矛盾剖析得比较深刻，为我们进一步的研究提供了很好的范本。

然而，在对已有的研究成果进行充分肯定的同时，我们也应当看到，该领域的研究尚存在一定的问题，需要我们在进一步的研究中设法加以解决。

不足之一：从研究内容来看，已有的研究成果对各种不同调查主体开展的调查研究着力不均，比较侧重于对民间社会调查的考察和分析，尤其关注社会学家和各种教育文化机构的调查，而在政府社会调查方面的研究显得较为薄弱。

到目前为止，就南京国民政府社会调查这一论题，学界尚无系统专门的考察分析。

不足之二：即使就民间社会调查而言，已有的研究也有若干有待深化和拓展的地方。比如，在分析民间社会调查时，对社会调查与学术的关系尤其是与社会学的关系比较关注，而忽略了对社会调查与社会发展的关系以及对中国现代化进程的影响的考察；又如，一些重要的社会调查机构的专门研究有待加强，像北平社会调查所等；再如，各种不同调查主体间的比较研究有待加强，尤其是政府与民间调查的比较研究。

不足之三：从研究方法上看，已有的研究成果比较注重运用历史文献法，但随着统计学等学科的发展为我们研究历史提供了新的视角和方法，依靠可靠的数据来进行定量分析从而提升到定性分析的层次是未来研究的方向。

不足之四：从研究范式来看，已有成果偏重于从宏观角度探讨社会调查的兴起、发展及历史作用，缺乏微观探索以及个案分析。只有加强微观研究和个案分析，才能全面地展示社会调查在中国现代化进程中的重要作用。

不足之五：从研究成果来看，缺乏研究专著。据笔者所知，目前还没有专门探讨南京国民政府社会调查的专著。

三、指导理论与研究方法

南京国民政府社会调查问题的研究，涉及社会学、统计学、人类学等多个学科。本书在充分挖掘、搜集史料的基础上，运用了马克思主义历史唯物史观作为指导思想进行分析研究。在研究方法上，注意学科互动，既运用历史学的研究方法，也运用了统计学、社会学的研究方法。具体说来，主要是以马克思主义历史唯物主义思想为指导，充分挖掘可靠史料，做到具体问题具体分析，坚持言之有据、论从史出，将实证分析和规范分析结合起来进行研究，并且采用了定量分析与定性分析相结合、整体研究和个案分析相结合的方法，力求客观准确地描述南京国民政府社会调查。

第一，在马克思主义历史唯物史观的指导下，具体问题具体分析。

马克思主义是历史研究的重要思想方法，历史唯物史观要求我们分析历史现象必须将其放在特定的历史情景中，才能得出较为接近历史事实的结论。对南京国民政府社会调查进行研究和评价，也必须将其放在中国面临社会转型、现代化进程刚刚起步的这个大背景之下，具体问题具体分析。因此，笔者在本书写作过程中，将马克思主义唯物史观作为指导思想贯穿始终，摒弃主观臆断，坚持从历史事实本身出发，尽可能还原历史的真实面貌。

第二，定量分析与定性分析相结合。

笔者分别对南京国民政府和山东省政府的社会调查数量做了统计，并在此基础上做出进一步分析，力求反映南京国民政府时期社会调查的整体状况和特点。

第三，整体研究与个案分析相结合的方法。

本书在进行整体研究的同时，选取了国防设计委员会与资源委员会、地质调查所和山东省政府这几个个案来解析，点面结合，以便更加全面完整地展现南京国民政府社会调查的整体面貌。

四、思路与结构

本书试图在对南京国民政府所主持的社会调查进行总体把握的基础上，理清一些基本问题。考察的对象，主要是当时政府从中央到地方所开展的社会调查，运用的资料主要是当时政府各机关公布的调查报告、各省市政府出版的政府公报和市政公报、各省市建设厅出版的建设公报、政府各调查统计机构出版的调查统计刊物以及一些商业刊物，比如《银行周报》《工商半月刊》等，另外还包括一些档案资料。

笔者将国防设计委员会与资源委员会、地质调查所、山东省政府调查作为个案考察的对象，主要是出于以下考虑：第一，这几个个案情况不同，有的是为国民党中央政府部门，有的是地方政府。从不同的角度进行考察，有助于我们探讨南京国民政府的组织机构、社会调查与政府决策的关系以及考察政府社会调查的具体过程；第二，资源委员会是当时南京国民政府备战的重要机构，在其成立之初就进行了大量的调查；第三，地质调查所作为近代中国历史上重要的科研机构，其开展的地质调查更是在中国历史上书写了浓重的一笔。因地质调查并非纯学术活动，其与经济建设有密不可分的联系，且调查本身带有社会性，故笔者将其纳入广义的社会调查范畴。山东省政府作为地方政府，尽管其社会调查在地方政府中并非最具有特色的，但是由于韩复榘主政山东时与蒋介石政府有着微妙的关系，所以研究其治下的社会调查事业也有一定的价值。

除导论外，本书拟分四章对相关问题进行阐述。

第一章从总体上考察南京国民政府社会调查兴起的过程及其表现。主要是通过统计和适当的分析来揭示南京国民政府实施社会调查的总体状况、基本特点、存在的问题以及与政府政策制定的关系，力求全面地反映当时政府社会调查工作的状况。

第二章、第三章和第四章则采取了个案分析的方法，试图通过个案分析，来透视南京国民政府社会调查的作用。

第二章通过对国防设计委员会、资源委员会调查总体状况的分析，透视其在加速中国现代化发展进程中的重要贡献，并且通过对句容县调查和中国工业调查的研究，探讨国防设计委员会社会调查的模式。

第三章描述地质调查所开展地质调查的整体状况及其对工矿业发展的推动作用，在此基础上通过分析翁文灏和丁文江两位学者与地质调查的渊源来透视中国地质调查事业的发展状况。

第四章通过统计分析来介绍山东省政府社会调查的基本状况，然后通过邹平县政府和山东乡村建设研究院合作的邹平县户口调查来探讨韩复榘时期山东省政府社会调查的特点。

五、难点与创新点

本书难点比较多，主要有以下几个方面：第一，南京国民政府时期社会调查资料虽然丰富，但是极为分散，搜集和整理工作难度比较大，尽管笔者已尽最大努力去搜集，但疏漏仍在所难免。第二，作为民国社会生活的一个缩影，社会调查材料的研究空间比较大，如何将论文做得有深度而不流于泛泛之谈并非易事。第三，在分析社会调查与政府政策之间的互动关系时，有可能存在着一个“因果不对称性”。所谓“因果不对称性”是指根据已有材料不能完全确定某项调查结果政府一定采纳、某项政策一定是根据某项调查得来的，所以也就难以说明社会调查对于政府施政的具体影响。第四，本书是一个整体性的研究，如何做到既能概括性把握又不失偏颇也是不易的。

但是本书也有一定的突破，主要表现在：

第一，本书首次从南京国民政府的角度来研究民国社会调查。之前学界对于南京国民政府主持的社会调查关注较少。

第二，本书通过定量分析与定性分析相结合的方式，对南京国民政府的社会调查体系进行了系统研究。

第三，本书采取了全新的研究视角。李景汉先生曾经讲过，社会调查有两层意义：学术意义和现实意义，我们不妨也从这两个角度进行研究。中国人民大学清史研究所关于清末民初社会调查的研究比较深入，但是他们多是从社会调查与现代社会科学兴起的角度来研究问题的，即从学术角度来探讨问题，而本书则试图从社会调查与社会发展之间关系的角度来研究，探讨的是社会调查在现实层面的贡献，研究视角是不同的，借此明了社会调查与社会现代化进程的互动关系。

第一章　南京国民政府社会调查的活跃

1927 年，南京国民政府成立之后，为了巩固统治的需要，加强调查统计工作成为政府亟待解决的重要问题。由此，社会调查活跃起来。

依前文所述，现代社会调查肇兴于清末，中经北洋政府时期，至南京国民政府时期形成一定规模，特别是在 20 世纪 30 年代达到高潮，时人往往将这一时期的社会调查称为“社会调查运动”，其影响之大、参与主体之广泛、数量之多是前所未有的，政府、机关团体、高校以及个人均参与其中。据统计，1927—1935 年共完成调查报告高达 9027 种，其中全国性调查 1739 篇，地方性调查达 7288 篇。① 但是，经过学者们考证，这一数字尚不完全，事实上数量还要更多。更重要的是，各种社会调查形式相继兴起并且迅速发展形成热潮。本章主要分析、描述 1927—1937 年南京国民政府社会调查的状况，进而总结其基本的特点。尽管其他调查主体也为社会调查的发展做出了巨大的贡献，但不在本章的研究范围之内。

---

① 赵承信. 社会调查与社区研究［J］. 社会学界，1936（9）：157.

第一节　调查数量分析：以调查报告单行本为例

笔者在研究过程中对南京国民政府社会调查出版物进行了搜集，主要搜集的是公开发表的调查报告单行本。需要指出的是，一些文化教育机构的专业刊物和论文并未纳入统计的范围内，比如燕京大学社会学系的论文、根据国民党中央政治学校地政学院学生调查资料编写的《民国二十年代中国大陆土地问题资料》等。主要原因有：一是这些调查和本文所要研究的对象——政府调查有一定的区别，二是这些调查专业性太强往往导致某些调查项目出现不均衡的现象。

笔者根据搜集的资料进行初步统计，得出1927—1949年南京国民政府调查报告单行本共有466种，具体的年份分布如下：

表1－1　调查报告单行本数量各年度分布表

年份	数量
1927年	3
1928年	5
1929年	16
1930年	25
1931年	33
1932年	20
1933年	35
1934年	47
1935年	52
1936年	45

续表

年份	数量
1937 年	39
1938 年	13
1939 年	16
1940 年	17
1941 年	19
1942 年	12
1943 年	10
1944 年	14
1945 年	13
1946 年	12
1947 年	6
1948 年	10
1949 年	4

资料来源：《民国时期社会调查丛编》《〈东方杂志〉总目》《民国时期总书目：1919—1949》《民国史料丛刊》《民国集萃》《民国丛书》及国内各大图书馆电子数目。

由上表可以看出，从 1927 年开始，调查数量开始逐步地上升，1929 年之后上升幅度比较快，但是 1932 年比较特殊，仅仅有 20 个调查，主要原因是 1931 年日本发动“九一八”事变后，东三省沦陷。次年，日本又在上海发动了“一·二八”事变，大规模进攻上海，南京国民政府无奈之下迁都洛阳。日军的暴行刺激了国人的神经，民族矛盾逐渐尖锐起来，国人无暇顾及调查研究也是情理之中的事。但是为什么从 1933 年开始调查数量又有了上升呢？这也和日本侵华有着密切的关系。针对日本咄咄逼人之势，中国社会各界纷纷行动起来，准备以各种方式来应对日军的侵略，南京国民政府也加紧备战。在这种情况下，调查研究显得尤为重要，只有全面掌握我国的基本国情，特别是资源分布状况，才有可能在抵御外侮的战争中取得主动权，于是1932年11月南京国民政府成立了国防设计委员会。这是一个专门从事调查研究设计的机构，该机构进行了大量的调查研究。

调查数量在1935年到达了最高点，尔后骤然下降，至1938年陷于低潮。这也是一种很自然的现象，因为经过前面几年的积累，很多调查研究已经完成，此外随着民族危机逐渐加深，社会调查实践逐渐减少，政府开始利用前几年的调查成果加紧备战。

1938年以后，调查数量一直在低端徘徊，偶尔会有间断地升高。

通过分析，我们可知社会调查数量的变化与政治环境关系密切，当政治环境相对安定时，调查数量会上升；而当社会动荡时，调查数量会随之下降。

第二节　南京国民政府社会调查的基本特点

南京国民政府主持的社会调查数量繁多、类型多样，各有各的特点，但从整体上考察，又呈现出一定的共同特征。日益增长的社会需求是政府社会调查蓬勃发展的直接动因；政府社会调查与社会行政、社会改良密切相关则是两个基本特点。

一、社会需求是政府社会调查勃兴的直接动因

（一）政府对社会调查的重视

孙中山先生曾提出要在中国实现三民主义，解决中国社会问

题，必须首先进行各种基本调查，尤其是在物质建设方面。这为国民党重视社会调查奠定了理论基础。蒋介石也重视调查统计，他写道："我们中国一切组织不能完善、一切事业不能成功的最大原因，可以说就是太没有'数'的观念，太不注重'数'的精确。你看一般人讲话，五天不讲五天，六天不讲六天，他要讲'大约五六天'；两个不讲两个，三个不讲三个，他要讲'两三个三四个'。……我们军、民、政、教、团、警各界干部，特别要随时随地力求一切事物的精确，然后可以完成现代政治与现代国家所必要的一切组织！"① 鉴于此，他在政府内部倡导调查和统计工作。在推行地方自治的过程中，他明确提出了七项任务，其中有两项与社会调查有关，一项是调查人口，一项是调查土地。1929 年 8 月 1 日，国民党中央第二十八次常务会议上通过并颁布了《社会调查纲要》，规定了土地与人口、产业与商品、交通与建设、农业与农村、工业与工人、商业与商人、教育与风化、社会与公安、财政与金融、行政与司法十个方面的内容，几乎涉及社会生活的方方面面。②

（二）政府各项事业的发展需要社会调查

第一，政府社会调查是应社会需要而产生的。

社会调查作为中国思想界的一场世俗化运动，并非空穴来风，而是源于迫切的社会需要。彼时中国处于社会转型的关键时期，建设国家成为摆在国人和政府面前的头等大事，而建国之初必须首先认识和了解国家，"然于本国之文化、宗教、人口、物产等等仍未尝从事调查，探究其盈虚消息，以致日言变法图强，而政治窳败如故，教育颓废如故，实业荒落如故，社会凄凉经济

---

① 蒋介石．政治建设之要义［J］．地方自治，1935（4）：853—854．

② 中央常委通过之《社会调查纲要》［J］．统计月报，1929，1（7）：37—39．

衰敝亦如故。凡关于立国之种种要素，绝无进步之可言”①。李景汉认为出现这种局面是政府没有认真履行责任之故，并将此种现象称为“吾民族之奇耻大辱”②。因此“若要真的找出一条救国的出路，真的要获得有相当把握的建设国家之适当办法或步骤，必先真的了解中国本身的内容。若要真的、透彻的了解中国社会的真相，必先从调查研究事实入手”③。开展社会调查是寻求改造中国之路的全新探索，尽管晚清政府和北洋政府曾经组织过一些调查，但都只不过是蜻蜓点水，人们对于国家的基本情况依然一无所知，政府社会调查任务任重而道远。如果说民间团体和个人还有专门为做学问而进行社会调查者，那么政府社会调查则几乎全部源于社会的需要，具体地说是国家建设的需要。鉴于中国当时形势之严峻，时人纷纷呼吁开展社会调查以为建国之基础，“我国科学进步较迟，生产事业落后，以致经济枯竭，国难频仍，政府感觉责任重大，一方面努力于科学的防难除弊，一方面努力于科学的经济建设，以期度过难关。然此二者，均非有精确之统计数字以为根据不可”④。社会调查是解决国家问题、开展经济建设不可或缺之基础性工作，南京国民政府也认识到了这一点，“自国民政府奠都南京，澈底革新，励精图治，外鉴世界趋势，内衡实际需要，深感当兹竞进时代，举凡国家之政治、经济，以及社会万般事态，莫不急遽演变，日趋复杂，欲期此综错纷纭之情形，整齐归纳，纲举目张，得以比较观测，稽往征来，备供设施之依据，非赖统计方法，要难尽其事功”⑤。由此可见，正是由

① 贾士毅．统计月报·序言［J］．统计月报，1929，1（1）：1.
② 李景汉．社会调查在今日中国之需要［J］．清华周刊：1932，38（7/8）：695.
③ 李景汉．实地社会调查方法［M］．北平：星云堂书店，1933：2.
④ 国民政府主计处统计局．中华民国统计提要［M］．南京：国民政府主计处统计局，1936：4.
⑤ 筹设中央各机关统一统计组织之经过［J］．统计季刊，1935（2）：1.

于社会的需要催生了政府调查事业的发展。

第二，政府各职能部门需要社会调查。

社会调查是政府各职能部门正常运转的基石。社会各个领域离不开调查统计，“政治界不能离统计而谋政，教育界不能舍统计而施教，实业界不能背统计而执业，社会状况、经济现象更不能于统计外而明了其真相”①。政府作为管理服务机构，职能部门各司其职，调查统计成为其顺利开展工作的保障，但是因各部门性质不同，调查对象也有所区别，比如内政部主要负责人口、土地、风俗、卫生、社会保障等方面的调查，“本部于十九年成立统计司以专责成，举凡内政范围之一切庶政，如人口、土地、户籍、仓储、警察、礼俗诸大端，其施行至若何程度，均须表现于统计数字，乃有裨于行政之参考，与改进之依据”②；实业部主要负责工业、农业、矿业等方面的调查；教育部负责有关教育的调查等。政府各部门进行社会调查、编制社会调查报告的过程同时也是对其所管辖领域的具体情况进行了解的过程，无疑会对施政产生很大的影响。

第三，国家建设离不开社会调查。

社会调查是建国之基础，“依照中山先生的《建国方略》，建设事业分为三部：即心理建设、物质建设与社会建设”③。那么我们不妨将社会调查对于心理建设、物质建设和社会建设的重要性分别予以阐述。

物质建设离不开调查。所谓物质建设，即改造中国物质，兴工商之业。欲发展工商业，制定行政政策，必须首先进行社会调查。“训政时期中正须注重建设事业，统计和建设有密切的关系，

---

① 贾士毅. 序言 [J]. 统计月报，1929，1 (1)：1—2.
② 葛敬猷. 发刊词 [J]. 内政统计季刊，1936 (1)：2.
③ 言心哲. 社会调查大纲 [M]. 上海：中华书局，1933：11.

所以政府当然特别注意。”① “工商调查的直接目的，是要把社会的生产力和需要力造成一种精密的统计，而其最终的目的是要建成一种完善的经济组织，而图谋社会生活的永久安逸。”② “工商调查的结果，可以明了社会的生产力量，和全社会人民需要的程度，而后可得设施相当的调剂方法，以预免一切的社会纠纷。”③由此可见，政府唯有采用科学的方法进行调查，才能为工商业的发展提供合理的依据。南京国民政府主管工商业建设的实业部尽管未成立专门的调查统计机构，但是其调查事宜由相关部门办理，在工商业方面开展了大量的调查；地方上对工商调查也甚为重视。以汉口为例，为了更好地实施工商业调查，该市专门成立了工商调查处，主管调查统计工作，在谈到成立初衷时说：“欲明工商业之真实情况，以定行政方针，调查事业，诚为当务之急。”④ 一语道破了工商调查的核心意义。

建设农村也是孙中山物质建设的重要内容，农村复兴与发展同样离不开调查统计。南京国民政府成立之初，在天灾人祸的双重夹击之下，农村经济濒临破产，在这种情况下，中国农村与农民问题成为社会各阶层普遍关注的焦点，“救济农村”“复兴农村”“建设农村”成为社会的普遍呼声。不同阶层、不同党派、不同主张的人都试图将农村作为切入点，寻找当时中国社会问题的症结所在，由此形成了乡村建设运动。与乡村建设息息相关的两个基本概念是“调查”和“实验”，调查是指城市知识分子深入乡村，通过实地观察来了解乡村社会，《东方杂志》1927 年某期曾全部篇幅刊载这类乡村调查报告，实验是指教育及农业推广

① 刘大钧. 我国的统计 [J]. 统计月报，1929，1 (1)：14.
② 傅光闾. 从社会的立足点谈到工商调查 [J]. 汉市市政公报，1929，1 (1)：9.
③ 傅光闾. 从社会的立足点谈到工商调查 [J]. 汉市市政公报，1929，1 (1)：8.
④ 成立工商调查处之经过 [J]. 新汉口月刊，1931，2 (8)：139.

工作。乡村建设包括官方参与或推动和民间自发进行两部分。官方对于农村调查向来比较重视："外邦为明了民食情形，安定农业经营起见，虽至卵产乳产之微，果实蔬菜之细，关于其产额存量销数，皆有详细统计，我国则虽米麦产额，尚不能举一概数，以言民生政策、经济设施，其将何从着手？故知农业建设之根本，莫先于调查。"①"自然欲谋我国农业复兴，必得先从整理与调查入手。"② 官方参与的中央机构主要有农村复兴委员会、全国经济委员会、全国土地委员会、中央农业实验所等，这些机构对中国农村进行了大量的调查，留下了很多宝贵的资料。地方上主要是广东、江西、四川、江苏等省的地方政府进行的，其工作主要是对农业市场、土地租佃和农业信贷进行调查，比较侧重于社会服务、灾荒救济、扩大农贷、活跃农村金融等方面，推广农业技术改良、农业合作等。

社会建设离不开调查统计。文教事业、卫生事业、社会福利事业均属于社会建设的范畴，它们的发展与社会调查密切相关，唯有扎根于百姓之中进行周密的调查，才能为政府各部门制定行政政策提供科学的依据，才能真正做到有效地改造社会。"社会建设的范围，包括很广。社会调查，可说是社会建设中最重要的步骤。我们认为知痛苦是解除痛苦的头一步。调查社会，可使我们知道人民痛苦实际情形。飞机不能在空气以外飞行，建设也不能离开事实。社会调查是探知社会的情形，来谋建设与改革。我相信，这种调查是非常重要，与社会建设有密切的关系。假使我们要改造社会，对于社会没有观察，不实地的钻到社会里去，去调查人民生活情形，空空的做几篇文章，登在杂志或报纸上面，唱几句高调，那么，尽管说得'天花乱坠'，'议论风生'，甚么

① 立法院统计处. 全国农业查记计划书［J］. 统计月报，1929，1（9）：95.
② 全国农业总调查计划提要［J］. 统计月报，1932（1/2）：附录1.

改造社会，解除民众疾苦，实在都是废话。社会调查在社会建设中的重要，即此可见。”① 此番言论强调了社会调查对于社会建设的重要性。

由此我们可以看出，孙中山先生《建国方略》所提及的三大建设中，有两大建设需要事前进行周密的调查，即：物质建设和社会建设，事实上，心理建设也不能不考虑社会现实情况，所以国家建设离不开系统的社会调查。蒋介石也曾经在进行国民经济建设总动员时说：“凡与本运动有关之对人对事对物之各种材料，均应有详确之调查统计及搜集。由总机关主持，并征求全国公私机关及教育团体协助之。各地所需材料，总机关供给之。”② 南京国民政府秉承蒋介石的意旨，在条件许可的范围内，大力推行社会调查。

二、政府社会调查与社会行政、社会改良关系密切

社会调查与社会行政、社会改良有着密切的关系。笼统地说，时人开展社会调查的目的主要有两种：一是为社会服务，二是单纯地出于认识社会或者单纯为了学术研究。对此，李景汉曾如是说：“一方面在理论上发见社会原则，有学术上的贡献；而在另一方面尤为重要者是根据可靠的研究结果，更进一步拟定社会建设计划及实施之具体方案，建议地方当局。同时以此有力的、事实胜于雄辩的资料，唤起八方民众，使其觉悟地方改善的需要与可能，共同促成建设计画的实现。”③ 此说一语中的，代表了当时社会调查前沿人士的看法。社会调查目的的划分又和调查

---

① 言心哲．社会调查大纲［M］．上海：中华书局，1933：11．

② 蒋介石．国民经济建设运动之意义及其实施［J］．生力月刊，1935（1）：8．

③ 李景汉．社会调查与社会计划［J］．时代精神，1941，3（4）：57．

主体有着密切的关系，一般来说，政府从事社会调查的最终目的是认识社会从而服务社会，即南京国民政府主持的大量社会调查与社会服务、社会改良在主体上有明显的一致性，能够充分反映与社会服务、改良的互动关系。社会建设的事业，应由政府主持，故社会建设所需要的统计，亦以由政府主办为宜。因为“（一）社会建设所需要的统计，必须强制人民的申报，方能取得，在政府以外的私人团体，常缺乏这种强制力量。（二）社会建设所需要的统计，范围极为广泛，必须有雄厚的财力，方能举办，在政府以外的私人团体，亦缺乏这种经济力量”①。南京国民政府对此也有较为清醒的认识，国民党中央各部委和地方各级机关进行了大量的调查，笔者列举数种：1928 年内政部对全国人口的调查，上海特别市社会局对上海工业的调查，1929 年铁道部对于云南、贵州、广西、福建、浙江、江西等省铁路沿线的经济调查，立法院统计处对辽宁、吉林、河北、山西等省农业的调查，全国土地委员会的全国土地调查，1930 年工商部对全国工人生活和工业的调查，1932 年实业部对江苏、浙江、南京、安徽、湖南、山西、山东等省工业和手工业的调查，1933—1934 年行政院农村复兴委员会对江苏、云南、广西、浙江、河南、陕西进行的六省农村调查等。② 另外实业部中央农业实验所有农情报告员约 6000 人，分布于全国 22 个省，1200 多个县，长期进行农情调查。③

政府对社会调查的重视为其整体发展提供了一个良好的运行环境，这也是社会调查呈现出一种“运动”态势的重要原因，由

---

① 汪龙．社会建设与统计［J］．时代精神，1941，3（4）：64.

② 李章鹏．《现代社会调查在中国的兴起：1897—1937》第 75 页也记录了一些调查活动，可参见之．

③ 卫士生．统计消息：中国实业调查及统计工作状况［J］．实业统计，1935，3（4）：2.

此带来的是政府及民间社会调查的较快发展。要特别指出的是民间社会调查的“机关化”，即政府机关参与民间社会调查工作或者是与民间社会调查机构或个人进行合作，这是整合资源的一种有效方式，李景汉便是此事的大力倡导者，他指出：“对于国家社会需要之调查，学术机关应与政府合作，尽量协助政府，尤其是县政府，建（健）全其调查制度。”① 著名的河北定县调查便具有民间调查“机关化”的特点。起初，调查工作是由中华平民教育促进会调查部负责，1933 年河北建设研究院成立，中华平民教育促进会的调查便纳入了县政建设的轨道。1934 年 9 月至 1935 年 2 月全县人口调查就是中华平民教育促进会与县政府合作进行的。调查委员会不仅有中华平民教育促进会、县政建设研究院人员，还包括本县县长、公安局长、财政局长以及各自治区区长、公安分局局长，各区区长即为该区调查队队长，区公安分局局长为副队长，由此加大了调查的官方权威。② 也正是由于政府的参与，这次调查才得以圆满地完成。1934 年邹平户口调查也是山东邹平实验县政府与山东乡村建设研究院合作完成的，此种事例不一而足。由此可以看出，社会调查与社会服务、改良和行政的主体一致性不仅仅表现在政府自己主持的社会调查上，而且在一些民间社会调查机构中同样也是存在的，即使是高校和科研机构，也少有单纯为学术而学术的。在当时中国社会的大背景下，不少知识分子都将自己的学术活动与国家政务紧密地联系在一起，所以这种一致性就表现得更为明显了。

政府社会调查对于社会行政、社会改良意义重大。依前文所述，政府社会调查与社会行政在主体上存在一致性，其转化为行

① 李景汉. 社会调查与社会计划 [J]. 时代精神，1941，3 (4)：60.

② 李金铮. 定县调查：中国农村社会调查的里程碑 [J]. 社会学研究，2008 (2)：168，182.

政力的可能性最大，因此对于社会影响更大。关于这个问题，本章第五节会有专门的论述，在此从略。

需要注意的是，社会调查主体所持的政治立场及其信奉的理论，在很大程度上制约着社会调查的方法和最终结果，但由于派别的不同，即使在同一主体内部也可能会出现不同的调查结果，这一点从陈翰笙等领导的农村复兴委员会进行的六省农村调查与实业部中央农业实验所编制的《农情报告》的比较中可见一斑。农村复兴委员会六省农村调查的主要参与者是中央研究院社会科学所的人员，其中，陈翰笙参与总体设计，孙晓村主持调查。陈翰笙等人的调查范围主要集中在农村的土地分配和政治概况，重点是土地所有制问题，在对调查结果的理论表述中强调中国的半殖民地半封建性。在调查过程中比较重视对生产关系的分析，按照地权占有的形态，将农户划分为地主、富农、中农、贫农，但是由于执行得并不彻底，六省农户的分类结果也就表现得不尽一致。[①] 而《农情报告》则不然，它主要侧重于考察生产技术和土地利用等问题。《农情报告》原本是金陵大学农学院农业经济系筹划出版的，农情报告员也是该系为农情报告的编制而专门设立的，只不过于1933年9月由国民政府实业部所属中央农业实验所接管，但很大程度上仍保留了原来的特色。金陵大学农学院农业经济系是中国农场管理学的发源地，代表人物是卜凯，主要以生产力要素为研究对象，所以《农情报告》更加注重调查生产技术、生态环境、自然条件、土地利用等方面。由此可见，社会调查作为一种方法本身具有客观性，但由于执行主体不同又赋予了其主观性。

---

① 具体情况参见行政院农村复兴委员会所编《陕西省农村调查》《河南省农村调查》《江苏省农村调查》《浙江省农村调查》《广西省农村调查》《云南省农村调查》中的范例，上述资料均由商务印书馆于1934年出版。

第三节　南京国民政府社会调查的主要类型与方法

一、社会调查的类型划分

政府主持的社会调查从类型上讲应当属于行政性社会调查。所谓行政性社会调查是指政府或议会为了管理国家和社会而进行的调查①，也叫行政统计调查。此类调查发源于17世纪，到18世纪末趋于制度化、规范化。南京国民政府主持的社会调查就属于此范畴之内。鉴于某些调查的复杂性，单从类型上划分不足以说明问题，李章鹏在其博士论文《现代社会调查在中国的兴起：1897—1937》中引入了“型式”的概念，以调查的目的、套路，调查与相关学术的关系等作为一个综合指标来区分社会调查，将此类调查进一步具体化，称之为一般的统计调查，并界定了其主要特点：社会团体、个人或政府机关均可为调查的主体，但从调查实际发生的层面来看，政府机关应是最为重要的调查主体；人们从事调查的目的仅仅是为了对调查对象有个大致的了解，而不求对问题做出比较高深的解释；与调查的目的相对应，结果主要是事实的罗列；调查一般应经历以下几个过程：计划、制表、发表调查、校表、回收、统计、编制报告；调查可分上行调查、平行调查和下行调查，在实际中，下行调查很常见，上行调查则很少发生。

笔者认为，如果从纯学术意义上讲，称之为一般的统计调查恰如其分，但是如果想鲜明地概括此类调查的特点，称之为行政

① 水延凯. 现代社会调查教程（修订本）［M］. 北京：中国人民大学出版社，1996：31.

调查则比较准确。因此笔者沿用以往的概念，将政府开展的社会调查实践命名为行政调查。其主要特点是：（1）政府机关是调查的主体。（2）政府从事调查的目的是为了了解调查对象，以便管理国家以及从事行政工作，并不要求从学术的角度对问题做出高深的解释。（3）调查结果主要以调查报告的形式呈现，多数是对于事实的罗列。（4）调查分为上行调查（下级机关对上级机关的调查）、平行调查（平级机关的调查）和下行调查（上级机关对下级机关的调查）。

如果将行政调查进行细致的划分，则需要与当时的行政体制结合起来考察。“看行政制度为转移，不可一概而论。”① 参考盛俊《统计的分治合作》一文的分类方法，笔者将调查分为十类：属于内政部主管的，有人口、住宅、贫民、慈善、自杀状况等调查；属于外交部主管的，有移民、外侨等调查；属于军政部主管的，有士兵、马匹、枪炮、战舰、军费分配、各国国力比较等调查；属于财政部主管的，有岁入、岁出、国债、金融、物价等调查；属于农矿部主管的，有土地、收获、家畜、矿山、森林等调查；属于工商部主管的，有生产、财产、外贸、劳动、工资、失业、劳工争议等调查；属于教育部主管的，有教育制度、教育设备、出版物、道德状况等调查；属于交通部主管的，有航运、邮电、国道等调查；属于铁道部主管的，有铁道及附属建筑物等调查；属于卫生部主管的，有包括废疾、疾病伤害、从事医药业者及医院等调查。

二、社会调查的方式方法探讨

近代中国行政调查产生于清末新政，其间清政府相继设立了

---

① 盛俊．统计的分治合作［J］．统计月报，1929，1（1）：1.

大量的调查统计机构并开展了广泛的调查，以此作为新政的依据。北洋政府沿袭了清末的机构设置，在中央政府各部都设立了调查统计机构，并设立了主计局作为主管全国统计工作的最高机关。

南京国民政府成立之后，在中央各部院陆续设立了统计机构，其中规模和影响最大的当属立法院统计处，该处的主要任务是搜集编制一切法律、政治、经济、社会的统计资料，还要编制统计年鉴和其他单行本报告，职权范围非常大，规模也最大，组织完备，设有五科，有四科分别负责不同类型的调查：第一科负责农业和天然资源的调查统计；第二科负责人口劳工和社会的调查统计；第三科负责工商和经济调查统计；第四科负责法律政治和经济调查统计；第五科掌管文书庶务。① 在成立之后的一年时间内，进行了十四项抽样调查工作，成绩突出。另外，该处自1929 年开始出版《统计月报》，陆续刊登大量的调查统计报告以及国内外统计消息和最新的统计方法，产生了深远的影响。国民政府调查统计机构的设置经历了一个逐步完善的过程，其中具有里程碑意义的是 1931 年主计处统计局的设立，该机构的设立，结束了政府统计机构各自为政的分散局面，使全国的调查统计工作逐渐集中统一。截至 1947 年 5 月底，中央各机关及所属机关有 8 个单位设立统计处，669 个单位设置统计室，统计人员中有统计长 8 人，统计主任及统计员 669 人，佐理人员 930 人。② 地方政府有 31 个省市设置统计处，有 6 个省市设置统计处。省市政府所属机关有 338 个单位设置统计室，市县政府有 852 个单位设置统计室，地方政府中主办统计人员有统计长 31 人，统计主任和

① 刘大钧．中国之统计事业［M］//陈长蘅．统计论丛．上海：黎明书局，1934：157.

② 朱君毅．民国时期的政府统计工作［M］．北京：中国统计出版社，1988：83.

统计员 1196 人，佐理统计人员 2111 人。全国统计机构为 1904 个，统计人员共 4945 人。①

此外，这一时期出现了一些文化教育机构，积极参与到社会调查运动中，比较著名的有：南开大学经济研究所、中国经济统计研究所、社会经济调查所、中山文化教育馆、燕京大学法学院、中山大学经济调查处、中央研究院社会科学研究所、浙江经济调查协会、国货事业出版社等。

南京国民政府对中国近代社会调查的贡献不仅表现在调查组织的逐步建立和调查数量的迅猛增长上，更为重要的是在质量上也逐渐提高。为了规范调查统计工作，南京国民政府先后颁布了一些法令、政策，这对于中国社会调查统计的发展具有积极意义。截至 1937 年，中央各机关调查统计机构规章共有 22 个，调查统计规则共有 14 个，调查纲要 2 个，调查统计人员考试任用条例共 4 个。其中最具有代表性的是 1932 年颁布的《统计法》。该法的出台旨在统一全国政府统计之步调、规范政府调查统计。“中华民国各级政府统计之调查、编制，全国统计总报告之编纂，统计办法之统一，工作之分配及事务之指导、监督，均依本法之规定。”该法还界定了政府调查统计的范围，“基本国势调查之统计、各机关职务上应用之统计、各机关所办公务之统计、公务人员及其工作之统计、各机关认为应办之其他统计”②。1934 年，又颁布了《统计法施行细则》。主计处统计局的成立和《统计法》的颁布，标志着国民政府超然统计制度的确定。1935 年南京国民政府统一调整了中央各部委统计机构。之后，一些省市逐步建立健全了统计组织。

随着政府各级统计组织的完善，一系列调查统计陆续开展。

---

① 莫曰达. 中国近代统计史 [M]. 北京：中国统计出版社，2006：43.

② 蔡鸿源. 民国法规集成 [M]. 合肥：黄山书社，1999：478.

1929 年立法院统计处曾经对国民党中央党部和政府机关的统计工作进行过调查，结果发现，各地已办统计所共有 53 处，调查内容所涉类别达 25 项。其中，收支统计最多，占调查总数的 12%；行政及物价统计次之，各占 9%；教育统计占 8%；农业与林业统计各占 7%；户口统计占 6%；社会统计占 5%；其余都不足 4%。①

南京国民政府统治期间，比较典型的全国性调查是 1928 年内政部主持的全国人口调查。

1928 年，南京国民政府宣布进入“训政时期”。在此时期，内政部对于人口调查相当重视，认为“所有施政之标准，端赖户口统计为根据”②，开始着手拟定《户口编查条例》及《人事登记条例》，积极筹备并推行全国范围内的人口调查。此次调查实行“双轨制”，江苏、浙江、安徽三省采用 1915 年北洋政府颁布的《县治户口编查规则》《警察厅户口调查规则》及其他样式表，率先进行调查，“责成各省民政厅督饬各县县长，限于文到三个月内一律办竣”③，由此正式揭开了人口调查的序幕；同年 7 月 19 日，内政部通令河北等 17 省遵照最新公布的《户口调查统计报告规则》和调查表统计表样式办理，由各省民政厅负责，并限于该年 12 月前一律办妥呈报。

内政部在 1928 年 8 月 7 日发给各省民政厅的通令中称，“此次调查户口，实含两大意义：一以为筹办自治之准备，一以知户口统计之实数”；并且指出此次调查目的是“得一精密之统计，而后内政一切设施，方有根据，内以谋一切救济事业之扩充，外以抑制列强人口之压迫，振兴民族”④。内政部还对调查质量提出

① 林晫．中央党部及政府机关统计工作之调查［J］．统计月报，1929，1（3）：49．

②③ 内政部统计司．民国十七年各省市户口调查统计报告［R］．南京：京华印书馆，1931：1—2．

④ 内政部统计司．民国十七年各省市户口调查统计报告［R］．南京：京华印书馆，1931：3．

了较高的要求，“如限呈报，从事调查时，并须开导人民实报无隐，不得听凭区村长随意代填，更不得抄录旧日选民表册，敷衍塞责。并应随时由该厅派员切实抽查，倘发现有不符之处，即将该县长从严惩处，以儆玩忽，而重要政”①。由此可见，内政部期望通过这次调查能够获得一个相对准确的结果。

整个调查过程比较规范，内政部共制定了四种调查表，依照调查对象的不同可分为住户调查表、船户调查表、寺庙调查表和公共户调查表，并未限定具体时间，只规定 12 月底以前上报调查结果。调查的具体项目并不复杂，其中住户和船户调查表为姓名、性别、与户主关系、已未婚嫁、有无子女、年龄及出生年月、籍贯、曾否加入国民党、居住年数、职业、受教育程度、宗教、废疾及其他十四项。公共户调查表和寺庙调查表则相对简单。② 在调查区域的划分和人员安排方面，“由各市县政府督率各公安局分区调查办理；未设立公安局地方，由该管地方官署遴员办理”。分区调查的办法，“除已实行自治规章之省份外，其余均按警区办理。未设警区地方，由该管地方官署就保卫团区或原有习惯划分之”。③

遗憾的是调查并没有如期完成，截至 1930 年 7 月，全国只有 16 个省及南京、上海、北平、汉口、天津 5 个特别市将户口统计表报送内政部，而且在这 16 个省中，除了陕西省之外其他各省均未如期完成普查。整个调查的范围还不及民国元年。此外，调查结果汇总时过于简单，只涉及户数及男女人数，其他项目并未填写，因此调查结果中只能呈现总户数、总人数、平均每户人数以及性别比例等。内政部对于这一结果并不满意，“本部既不能

① 内政部统计司. 民国十七年各省市户口调查统计报告[R]. 南京：京华印书馆，1931：3.
② 中国人口调查概况 [M] //申报年鉴. 上海：申报年鉴社，1933：172.
③ 蔡鸿源. 民国法规集成 [M]. 合肥：黄山书社，1999：153.

求得全国户口之精确统计，亦未便早日披露民国十七年户口调查之结果，但事属要政，不愿久搁，且须从事于下次户口调查之准备，乃于今岁（1930 年）七月底，将已呈报之各省市户口统计表着手整理编辑成册”①，即 1931 年出版的《民国十七年各省市户口调查统计报告》。

但是本次调查已经初步具备了现代人口调查的特点，由于其目的是为筹备自治做准备，颠覆了以往政府户口调查的理念，赋予了调查新的时代含义，使得调查不再是征收兵役、徭役、赋税的代名词。从调查的准备及实施过程来看，这是一次较为科学的调查。内政部非常重视此次调查，通令各省民政厅认真办理，并且将调查质量与官位挂钩。调查的准备工作也比较充足，拟定了翔实的调查方案，制定了统一的调查表和统计表，包含内容广泛，调查项目科学；从调查的后续影响来看，本次调查直接引领和推动了各省市人口调查的陆续开展。评价一次政府行为不应当仅仅看这次行为本身，还应当看到它所带来的后续效应，而且这种效应相对于行为本身更为重要，它可能成为现代化进程中重要的步骤。1928 年人口调查最重要的价值就是推动了中国各地人口调查活动的开展。自此以后，很多省市政府依照内政部的《户口调查统计报告规则》进行过调查，比如南京市第一次户口调查、福州市第一次户口调查、汉口市户口调查、广州市人口调查等。

当然，调查也存在着缺憾。科学的人口调查，应当详细规定调查日期及标准时刻，因为人口情况瞬息万变，若不规定标准时刻同时进行调查，便无法确定精确的人口实数。但是本次调查仅限定了调查报告上交的截止时间，对于具体的调查日期和标准时间却只字未提，极易导致人口统计数字的模棱两可；调查之前缺

① 内政部统计司. 民国十七年各省市户口调查统计报告[R]. 南京：京华印书馆，1931：32.

乏明确的方案，在发布调查命令时，并未精心安排调查的准备工作，仅发出调查表及布置调查任务，交由省市的民政厅局自行处理，致使各省所用表格与部颁表格不尽一致；调查员的选取和培训工作不到位，调查工作由各地方长官督率公安局办理，未设公安局的由地方长官遴选人员办理，缺乏规范性。各地调查员除由警察担任外，在城市则请军政机关及学校教职员或学生协助办理，在农村请乡绅及通晓文字者协助办理，很多调查人员未能明了调查的意义，办理调查统计事务的官员没有认真对待，敷衍塞责；调查结果不甚准确，一些省市的调查结果并不是经过严格的调查程序取得的，甚至某些数据是通过估计上报的。

通过对 1928 年全国人口调查的分析，南京国民政府社会调查的方式方法可见一斑，当然由于受到经费、人员等诸多因素的限制，调查方法并非千篇一律。尤其是到了 20 世纪 30 年代，采用科学方法开展的地方性小规模调查大量涌现，为政府调查提供了范本，但是囿于中国国情，诸多方法不能应用，这不能不说是一个遗憾。

第四节　南京国民政府社会调查存在的问题及其启示

一、社会调查问题分析

南京国民政府社会调查也存在诸多无法忽视的问题，给国家和社会带来了相当大的消极影响，具体主要有以下几个方面：

（一）政府各机关调查工作存在严重的重复现象

南京国民政府成立之后，从中央各院部到各省市纷纷设立调查统计机构，社会调查事业蓬勃发展。但是问题也随之产生，最突出的是各调查机关互相独立，不相统属，往往各行其是，尤其是在国民政府主计处统计局成立之前，由于缺乏统一的领导和部署，导致很多调查工作重复进行，造成了有效资源的巨大浪费。立法院统计处对此颇有微词："历来各地调查，大抵各自为政，无专辖之机关，无统一之组织，故结果参差不齐，难以统计。"①林林总总的调查结果影响了施政者对其有效利用，"以浙江户口数而论，据国府主计处所报告为四百五十五万九千五百四十户，而内政部民十七所调查者则为四百六十四万四千八百十五户，按主计处之调查晚于民十七，则户数不应反而减少差不多十万户"②。这种结果使施政者在利用调查结果时处于两难的境地。林𬀩曾经对南京国民政府机关调查统计工作进行过调查，也发现了调查工作重复的问题，仅调查物价一项，在南京就有立法院、工商部、江苏省政府农矿厅以及南京特别市社会局；在上海有财政部驻沪货价调查局和上海特别市社会局等。③"各机关统计组织，既系各个分立，无集中汇总之机关，则遇事无从统盘筹维，详密规划，事业之进行，遂不免重复缺略，易得之统计，重见纷出，烦难之统计，搁置未办。"这种重复性工作极大地降低了政府工作的效率。"往往同一事业，作数重之调查，行数重之整理，非惟人力财力，皆不经济，抑且各行其是，分而观之，虽似精详，合而考之，实难实用。"④更为重要的是，重复调查使人民不胜其扰，"国内风气未开，人民智识薄弱，剀切晓谕，慎重举行，已不免于惊疑。今对于一事，纷至杂投，非独人民苦于烦扰，即承办机关，亦疲于应命，以致唯有捏造事实，妄填数字，敷衍塞责

---

① 立法院统计处．全国农业查记计划书［J］．统计月报，1929，1（9）：1—2.
② 金凤．读江苏浙江农村调查［J］．国闻周报，1935，12（14）：1.
③ 林𬀩．中央党部及政府机关统计工作之调查［J］．统计月报，1929，1（1）：51.
④ 筹设中央各机关统一统计组织之经过［J］．统计季报，1935（2）：1.

而已”①。因此当时就有人呼吁要加强各调查机关的合作，以实现调查结果的整齐划一，“然后可以便于比较，然后可以免于重复，然后可以补得阙漏，然后可以省得繁冗”②。鉴于此，1931 年南京国民政府成立了主计处统计局，作为规范全国调查统计事业的中枢机关，调查统计事业从此逐渐步入正轨，特别是与清末新政时期和北洋政府时期相比，有了很大提高。但尽管如此，主计处统计局也没有达到预先设计的效果。1935 年，主计处统计局在报告中提到：“本处成立四载，仅设实业部统计长一员，其余各机关仍少改进。”③ 导致这种现象的主要原因一方面是主计处统计局工作不到位，另一方面则是由于官僚主义思想的影响，各部门之间缺少有效的沟通和交流。

（二）大量调查统计数字是伪造的

政府调查往往有固定的模式，即通过其自上而下的行政组织、依靠各级官员通过行政命令来完成，这种方式有利于减少调查的阻力，但也存在不少弊端。正如前文所述，调查机关林立，调查命令政出多门，重复调查层出不穷，地方官员手中积压了大量的调查表格，为了完成任务，他们往往敷衍塞责，捏造事实，调查数字又往往与地方官员的政绩、升迁相关联，他们会因利害关系暗中作弊，有意缩小或夸大某些数据，另外开展调查的官员基本上是非专业人员，他们对于调查统计的方法和技巧并不熟悉，这就产生了一个问题，即：“唯若干统计不由专办统计人员办理，而由行政人员兼办，由于缺乏统计素养之故，颇难获得完善资料，在另一方面又使统计人员陷于学无所用之境地。”④ 加之很多地方政府多因“县政府组

① 筹设中央各机关统一统计组织之经过［J］. 统计季报，1935（2）：3.
② 盛俊. 统计的分治合作［J］. 统计月报，1929，1（1）：2.
③ 筹设中央各机关统一统计组织之经过［J］. 统计季报，1935（2）：4.
④ 卫挺生，杨承厚. 中国现行主计制度［M］. 上海：商务印书馆，1946：373.

织太简，经费过小，而限令调查填报的表册太多，……这样那样填报的表册，更如雪片飞来，其实从那里调查起？上级催得紧了，只好分托几个绅士，或是完全交给书记，叫他们闭门造车，胡说霸道，依照格式，一样一样的写上去，并且把这些数目字也要自造出来，上下蒙骗，相率作伪，已成公然的事实"①。铁道部总务司统计科的陈士光在广东仁化调查的时候，发现"该县向无统计人员，各种统计，多凭臆测，故有谓全县每年可产谷二百万担，有谓至多不过三十万担，有谓杉木每年出五万株，有谓可出数十万株者，异说纷纭，莫衷一是"②。由此可见，政府调查资料之可靠性究竟如何。李景汉对此类问题也有清醒的认识："县以下之行政机构既无实地调查，而民众又多畏惧怀疑，时有戒心，防备受害。因此对于调查，敷衍支应，阳奉阴违。大部分调查多由县政府人员揣测填报。就这样的由县呈报到省政府，再由省政府呈报到中央政府。材料之来源如此，即使中央有完整之统计调查机关也无能为力了。"③ 所以时人认为："政府出版的刊物，大都是所谓官样文章，其中总得不着多少真相。"④ 更有人深刻地指出根源所在："中国官方的调查资料所以不被人重视，就是因为下层政治机构不健全，填报表格的人员对于调查工作毫无认识，于是往往'临表涕泣'，没有办法，只得'向壁虚造'！"⑤

伪造调查数字不仅是行政人员缺乏调查统计素养所致，还和整个调查统计机关态度不认真、工作不规范有着密切关系，由此造成的后果就是南京国民政府调查资料的可信度大打折扣，因此

---

① 如何完成统计组织以及促进计政效率之商讨［J］. 统计月刊，1935，1（4）：50.
② 陈士光. 始兴调查见闻录［J］. 统计月刊，1935，1（4）：42.
③ 李景汉. 社会调查与社会计划［J］. 时代精神，1941，3（4）：58—59.
④ 金风. 读江苏浙江农村调查［J］. 国闻周报，1935，12（14）：1.
⑤ 西超. 略谈社会调查［J］. 读书与出版，1947，2（8）：6.

我们今天利用此类资料时一定要注意鉴别。

（三）调查工作缺乏规范性

刘大钧对此深有感触，曾经指出由于调查机关各自为政，所以在调查统计方法上很难取得一致，“缺少标准的调查表式，合宜的分类方法，和有系统的调查计划”①。另外，中国各种数量单位不统一也是社会调查的障碍，尤其是货币单位和度量衡的混乱导致调查过程中难以得到准确的数量值。“中国全国的尺、斗、斤恐怕不下二百种，洋元兑换铜元数从一百到四百。”②“北平一处有数种尺度，大小相差之十四分之多。汉口一地之斗，有樊斗、汉斗、衡斗、唐公斗、梁公斗等之分。”③ 在这种情况下，调查结果势必存在误差。

（四）缺乏专业调查统计人员及经费

彼时社会调查在中国尚处于萌芽阶段，调查统计人员匮乏，“真有调查知识的人极少，说到受过训练而又有充分经验的人更少。至于社会调查的专门人才和有经验的老手简直几等于零了”④。囿于人才和经费的限制，各地调查统计工作或者由政府部门人员代办，或者招募人员临时培训，这些非专业的调查统计人员缺乏系统的学习，在调查过程中难以有效高质地完成任务。“政府院部会等均制有调查或统计表格，颁发各地。然查其确实照其填用者，百分中只一分至四分。其原因非由各机关故意立异，实缘地方机关公务丛脞，而又无统计人才专司其事，故有不能按期报告或竟未举办者。”⑤另外，调查人员自以为是、缺乏素

---

① 刘大钧．我国的统计［J］．统计月报，1929，1（1）：17．

② 李景汉．中国社会调查运动［J］．社会学界，1927（1）：97．

③⑤ 林晞．中央党部及政府机关统计工作之调查［J］．统计月报，1929，1（1）：51．

④ 李景汉．实地社会调查方法［M］．北平：星云堂书店，1933：29．

养的问题比比皆是，费孝通先生曾经讲过一个笑话："我在云南乡村做研究工作时，那些乡村里朋友告诉我说：前几年政府里派过人去'调查'过（是农村复兴委员会派去的，后来还出过一本《云南农村调查》）。他们笑着说，那位委员真是傻子。他问说：'你家里有几只鸡?''四只。''有几个蛋一天?''没有。''怎末会没有？不要骗人!''委员，我这四只都是雄鸡呀!'——说得全体都高兴地笑了。委员们自以为聪明，乡下人当面给他自尊心的满足，背后却在哄堂大笑。"①

经费也是制约调查的一个重要原因。在调查实施过程中，基层调查员大多属于义务劳动，因此往往会出现责任心不强、搪塞应付的现象，导致有的地方某项调查数据连年一致。即便是公认质量较高的中央农业实验所主持的《农情报告》也存在类似的问题。据南京农业大学教授李长年先生说，他供职于中央农业实验所时，从各地聘请了6000多名农情调查员，负责搜集各地农村的有关经济数据，然后依行政关系逐级上报，这个过程很难保证数据的准确性。因此他告诫说，用这些资料要十分谨慎。②

（五）民众对于调查比较排斥

南京国民政府成立初期政局动荡，名义上是统一的政府，但是社会并不安定，这直接影响了调查工作的顺利进行。由于民众对于社会调查的排斥，即使政府认真进行了调查，也未必能够得到确实的数据，这在农村表现尤甚，一方面这是民众在长期生活过程中积累的应付乱世的长久经验；另一方面，民国成立后军阀连年混战，"农民久处恶政之下，恒抱猜疑之心，对于调查访问，往往不肯实报"③。更为重要的是，民众不明白调查的意义和实际

① 费孝通．亦谈社会调查［J］．读书与出版，1947，2（10）：40.
② 曹幸穗．民国时期农业调查资料的评价与利用［J］．古今农业，1999（3）：19.
③ 全国农业查记计划书［M］．统计月报，1929，1（9）：96.

的用途，社会调查“不但在中国向来未有，且没有听见说过，其利益亦是间接的，不是手能摸目易见有形质的东西。因此使一般人明了，极不容易”①。所以民众对调查者往往持怀疑态度，“被调查人对调查人的态度，第一便是猜疑。你要问商业的状况，或商业的经营法，他很易疑心你要经营同样的商业，来和他竞争。你要问一个人的财产和收入，他总疑心要加税。你要问他的苦况，他又疑心你要放账。我们要说为调查而调查，这些话很难取信”②。为了避免是非，人们有时故意不说实话，问得多了则会说：“先生这样的刨根问底，到底要说什么呀！”③由此可见，社会调查的推行与当时社会环境有着密切的关系，这从一个侧面反映出社会转型期人民的生活状态。

在调查过程中，调查者还需考虑国人性格中模糊的通病对调查结果的影响，意即人们即使愿意坦陈事实也很难得到准确的回答。前文已提到蒋介石对于国人这种马马虎虎的习惯颇为诟病，李景汉也曾经鞭辟入里地分析了这种现象，“‘几十个’‘几百个’‘一百多个’‘一百来个’‘差不多’‘大概齐’等是人们惯用的词语，并且常常所答的和所问的话毫无关系，而回答的人却以为是完全回答了。这是关于语言的含糊”④。这种语言的模糊，表现在生活习惯中也是马马虎虎，对任何家庭收支没有明确的记账，不仅农民如此，教员和工人也是如此，所以在接受调查过程中心有余而力不足。“以东省铁路公司之例而论，铁路附近各机关，对于耕地的面积，原来就没有调查和记载。现在忽然有人问到，自然感觉无法答覆。无已（已），或者任意估计，或者全

---

①③ 李景汉．实地社会调查方法［M］．北平：星云堂书店，1933：31.

② 曲殿元．社会调查工作的困难［J］．现代评论，1927，5（119）：289.

④ 李景汉．中国社会调查运动［J］．社会学界，1927（1）：97.

答覆。”①

上述问题的存在，是主客观因素共同作用的结果，我们在运用上述材料时应当审慎。

二、启示

政府开展社会调查不应仅仅是一种潮流，或是一种社会现象，更重要的是应当成为政府工作人员的一种态度。在条件允许的范围内，政府在决策之前都应经过社会调查，唯有这样才能够使得政府施政更加合理。

政府社会调查也不应仅仅是摆设和姿态，而应当发挥应有的作用，这就对很多方面提出了更高的要求。从调查者角度来讲，需要有更加专业的调查人员；从被调查者角度来讲，需要整体国民素质的提高。简言之，需要社会整体综合素质的提高。但南京国民政府的阶级本性决定了其不可能做到此点，其主持的很多社会调查流于形式，白白浪费了人力物力财力。

时至今日，社会调查观念早已深入人心，社会调查方式和手段也更加先进，但是我们仍然要注意如何科学有效地进行社会调查。社会调查不是行为的通行证，科学的社会调查才是行动的依据，不认真的社会调查不仅是对资源极大的浪费，而且不利于整个社会的发展进步。不管调查多么重要，它只是一种手段，终极目的是对于调查结果的利用，所以我们应当理性看待社会调查。

---

①曲殿元．社会调查工作的困难［J］．现代评论，1927，5（119）：288．

第五节　社会调查与政府政策制定之间的关系

从宏观上讲，政府举办社会调查旨在为其施政提供依据，但是调查统计工作对于政府决策的具体影响究竟有哪些呢？二者之间是否有着直接的联系呢？下面笔者试析之。

一、有效社会调查与政府政策制定的科学性之间具有“正相关性”

社会调查对于政府的功用具体表现在以下几个方面：

第一，为特定的社会改良目的提供参考。社会改良包含的内容非常多，包括政治、经济、文化等各个方面，社会调查为改良社会提供了事实参考，在此以风俗改良为例进行介绍。

民国时期，特别是五四运动前后，在西学东渐思潮的影响下，改良风俗逐渐成为向文明社会过渡的一项重要工作。南京国民政府成立之后，宣称要“涤除污垢，开通民智”。在这种情况下，风俗调查就成为南京国民政府训政时期革新社会、改良风俗的一项工作了。1932 年内政部公布了《各省市县风俗调查纲要》，要求各省市县政府填报，具体调查内容分为生活状况、社会习尚、婚嫁情形、丧葬情形四大项。尽管内政部三令五申，但是结果有些令人失望，截至 1933 年，大约只有一半以上的市县上交了调查表，一定程度上影响了调查结果的汇总。不过，考虑到当时的客观环境，此结果也属不易。根据这次调查的结果——“风俗侈靡，人心浇漓，有每况愈下之势。举凡婚丧庆吊，岁时馈遗，无不铺张扬厉，踵事增华”，内政部发起了节约运动，要求民众力行节约，不得过度铺张，并且拟具了具体办法，提请第二次全国内政会议决议通过原则，通令各省市政府遵照办理。通令之后，各地积极响应，节约运动随之兴起，“自各省市积极提倡后，各地节约运动如雨后春笋，虽移风易俗，非一朝一夕之所能竣事，而各地热心提倡之人士，多方督行，节约运动之印象，已深入于人之脑际，曩之婚丧吉庆，侈封杂陈者，而今已为世人所厌恶，一切应酬，皆不如往昔之侈矣”①。节约运动的推行对移风易俗起到了一定作用。除此之外，为了改良社会风俗，内政部对全国戏剧歌谣进行了调查，要求各省市县政府及所属机构遵章办理，“举凡淫词邪曲淫腔土调，均在搜罗之列”②。事后，根据调查结果进行处理，“其有伤风化者，则严切禁止，并设法加以改良，庶几于民族文化、社会风俗均有深切之裨益”③。

第二，为具体的行政工作提供数据支持。

社会调查是政府行政工作的一个重要组成部分，“现代国家之一切政治设施举措，均须力求适应国家和人民之实际需要，以期利国而福民。故各种施政方针及施政计划之决定皆应根据统计事实，方可收事半功倍之效。否则南辕北辙，徒劳无功。又，对于办事成绩，亦须有统计结果以显示行政效能之高低，而策励各种事业之进行”④。政府政策的制定，很大程度上依赖调查资料，以保证政策的合理性和科学性，李景汉曾经说过：“现在是科学的时代。以玄想来建设乌托邦的时代已经过去了”，“由调查研究而达到真正的建设是最直接而短的坦途，欲走其他以为是便捷的路，反到（倒）绕了远，费了事，吃了大亏”。⑤ 由此可见，社

①③ 秦孝仪．革命文献（第71辑）：抗战前国家建设史料——内政方面［M］．台北：“中央”文物供应社，1977：169.

② 秦孝仪．革命文献（第71辑）：抗战前国家建设史料——内政方面［M］．台北：“中央”文物供应社，1977：171.

④ 陈长蘅．内政统计与三民主义之实施［J］．内政统计季刊，1936（1）：3.

⑤ 李景汉．社会调查与社会计划［J］．时代精神，1941，3（4）：57—58.

会调查已成为制定政策的必经之路。这种理念也贯穿到了政府工作中，“举凡研拟施政计划，处理政治、经济、社会诸问题，以及实施机关与事业之管理，莫不以统计数字为依据。故能措施咸宜，效率宏著”①。当时很多政府部门设有调查统计机构，在新政策实施之前，往往由调查统计机构先行调查，然后再制定和实施政策，调查成为政策实施之前必要的步骤。比如，1931 年实业部为制定国内失业工人救济办法，首先开展调查，“刻缮具调查表，通令各省市调查各境内之失业工人数量及情况，待统计完毕，即起草救济方案”②。1934 年内政部组织了农村借贷概况调查，“内政部以复兴农村及推行自治，非明了各地农村状况与其经济情形，不足以资推进，爰于二十一年七月间制定农村借贷关系等六种调查表式，印发各县查填具报，以供土地行政之参考”③。从某种程度上讲，社会调查已经成为政府控制社会的重要方式。比如，南京国民政府为了整理田赋、开辟税源，便通令全国进行土地陈报，还有一些地方为了征收地价税而进行地价调查。另外政府举办的人口调查也具有社会控制的功能。对于各政府部门来说，调查统计也为政策制定提供了依据，例如在《农矿部工作概况报告书》中提到：“本部成立之初，……首重农矿状况之调查，故任用专家若干人充任视察员，派往各省实地视察，随时报告，以备参考。”④ 农业方面，政府颁布了《全国农业统计调查报告规则》，且颁发了各种农业调查表、统计表。“前由主管部一面制定农事试验场调查表，通令各省依式查填，现在内地各省多已填

① 国民政府主计部统计局．中华民国统计年鉴［M］．南京：中国文化事业公司，1948：1.

② 实业部调查失业工人［J］．工商半月刊，1931，3（3）：27.

③ 各种调查与统计之进行［J］．政治成绩统计，1934（5）：38—39.

④ 秦孝仪．革命文献（第 75 辑）：抗战前国家建设史料——实业方面［M］．台北：“中央”文物供应社，1978：1.

报到部，正由专门人员根据调查结果统筹分析，详考得失，厘定改进方案，以凭实施"①。矿业方面，由北平地质调查所负责完成全国矿业调查，派员分别调查东南、东北、西南等地区矿产情况，根据调查结果开采矿产，发现和开采了大量矿产，热河铁矿就是此时发现的。② 这些调查为政策的制定奠定了良好基础，"亦经派员先后调查具有报告，或已订有整理办法，或暂定为保留区域。以上各项皆系筹备国营矿业之经过，一俟经费筹定，当即继续切实进行"③。淄博铝矾土矿在当时被划为保留区域。地质调查所王竹泉在谭锡畴调查的基础上分别于1928年和1931年又对淄博铝矾土矿开展过两次调查。经过塘沽黄海化学实验所分析，所采的矿石样品确定的几种主要成分的含量与国际上的同类样品相比，毫不逊色。后来，谢家荣通过调查又证实了这一结论。南京国民政府实业部根据王竹泉等人的调查报告，于1933年训令山东省实业厅，规定淄博地区三万九千零六公顷四十三公亩铝矾土矿为国家保留区，禁止开采。④

社会调查对于行政工作不仅有事后补救的作用，而且有事先预防的功能，"调查以往的经过和现在的事实，借以推知未来现象的发生"⑤。对此，时人已有认知："现在政府只能处治既发生的事务而不能预料和应付未发生的事务……长江水涨，不知预

---

① 秦孝仪．革命文献（第75辑）：抗战前国家建设史料——实业方面［M］．台北："中央"文物供应社，1978：95.

② 秦孝仪．革命文献（第75辑）：抗战前国家建设史料——实业方面［M］．台北："中央"文物供应社，1978：50—53.

③ 秦孝仪．革命文献（第75辑）：抗战前国家建设史料——实业方面［M］．台北："中央"文物供应社，1978：117.

④ 李宝石．解放前的山东铝厂［M］//李障天，阎象吉．淄博经济史料．北京：中国文史出版社，1990：101.

⑤ 李景汉．实地社会调查方法［M］．北平：星云堂书店，1933：10.

防，等到各省水灾发生以后，才忙救济。”① 为了避免这种现象的发生，政府唯有进行社会调查，以便未雨绸缪，防患于未然。

第三，为具体的社会服务项目实施做准备。

最为突出的是政府对于社会救济事业的重视，国民政府专门设置行政院赈务委员会主持该项调查。该委员会出版的《赈务月刊》《赈务统计图表》等出版物包含了大量有关灾害、赈务等方面的调查统计资料。内政部主要对养老、孤儿、济贫、育婴等收容事业进行了调查统计，结果刊登在《内政公报》中。② 行政院社会部成立之后，设社会福利司专掌社会救济调查事宜，并汇编刊布了大量的社会救济调查统计资料。③ 在社会救济事业统计中，最为典型的是为灾况救济开展的调查。灾难的救济具有急迫性，一般情况下是边救济边调查。1931 年，长江、淮河流域发生重大水灾，涉灾区域达到 131 个县。鉴于水灾之巨，南京国民政府专门成立了以宋子文为首的救济水灾委员会组织救灾。该委员会出资委托金陵大学农学院农业经济系对灾区进行了调查。调查人员发表了一篇灾况调查报告，以指导救灾；④ 并通过调查，提出了长远的预防性建议：认为从农业经济学的角度分析，农村应早日提倡合作事业，改进农村组织，发展保险，以抗御天灾。这些建议在今天看来仍然具有积极意义。由此可见，灾况调查不仅具有事后救济的功效，还能达到事前预防的目的。李景汉曾经提出：“社会调查尚有一颇重要之功用，即能预防灾祸是也。……社会

---

① 毛起鵕．社会空论与社会调查［M］．华年，1932，1（13）：246.

② 国民政府主计处统计局．中华民国统计提要（二十四年）［M］．上海：商务印书馆，1936：443.

③ 国民政府主计部统计局．中华民国统计年鉴［M］．南京：中国文化事业公司，1948：365—366.

④ 金陵大学农学院农业经济系．中华民国二十年水灾区域之经济调查［J］．金陵学报，1932，2（1）：201—260.

调查工作……是养成人民预防灾祸的习惯。调查以往的经过和现在的事实，借以推知未来现象的发生。譬如某地临河常患水灾，则调查其以往水灾次数及相隔之年数。如此推知将来最多五年最近三年，定再发生水灾，则于未来之前早已预备救济之道，或修堤挖河根本铲除祸源，不等到田园尽没，家破人亡，才想善后救济的方法。社会调查是预防工作，消祸于无形，防患于未然，是要澈底的从根本上解决社会问题，与头痛医头、脚痛医脚的办法大不相同。"① 这种预防作用要比事后救济更为重要。1933 年，豫鄂皖赣四省农村经济面临崩溃的边缘。国民政府军事委员会立令四省农民银行举行农业经济调查，银行又委托金陵大学农学院农业经济系负责调查。该系经过两年的详细调查，于 1936 年出版了四省土地分类调查报告，引起了强烈的反响。事后证实，该报告送交四省农民银行后对该行农村政策的实施产生了一定影响。② 1935 年 6 月，长江上游因暴雨导致了山洪暴发，造成了"田庐淹没，人畜流亡，厥状之惨，非言可喻"。受灾区域之广，灾情之重，"不亚于二十年（1931 年）之水灾"。③ 鉴于此，赈务委员会孙亚夫和许世英赴灾区进行了调查与赈济，并撰写了调查报告《江河八省水灾调查与统计》，为救灾赈灾和防灾提供了依据。

第四，开始关注民生。

社会调查是最贴近民生的一种研究方法，通过翔实的调查，可以展示民生百态。在农村调查中，农民生活状况是调查重点，

---

① 李景汉．社会调查在今日中国之需要［J］．清华周刊，1932，38（7/8）：6—7.

② 卜凯．金陵大学农学院农业经济系之发展［M］//金陵大学农学院农业经济系建系七十周年纪念册：1921—1991．南京：金陵大学农学院农业经济系在宁系友联谊会，1991：391.

③ 孙亚夫．江河八省水灾调查与统计［J］．实业统计，1935，3（6）：1.

行政院农村复兴委员会六省调查中就有大量关于农民生活状态的描述。除此之外，随着中国现代化进程的启动，政府也开始关注工人生活状况，组织进行了一系列劳工调查，这些调查的实施不仅为解决劳资争议事件提供了依据，同时也为南京国民政府制定劳工政策奠定了基础。如1930年工商部根据国民党中央执行委员会的决议实施了全国工人及工业生产调查，“拟具全国工人生活及工业调查统计计划七项，呈准备案，即如期印制表册，选派调查员指导调查方法。先就无锡工业区实验调查后，其边远及交通不便地方，除令各该地方政府负责办理外，所有江、浙、两湖、粤、桂、闽、鲁、东三省各工业区共三十三处，均经派员实地调查。……现已根据报告，编成统计”①。调查结果编成《全国工人生活及工业调查统计总报告》，内含工人工资、国内各省区城市工会以及工厂概况等项目。根据调查结果，国民政府推行了一系列的改善劳工福利待遇的政策措施：推行劳工教育；拟定劳工卫生实施方案；注意劳工经济生活。② 除此之外，“劳工问题千端万绪，欲明其源，非将关于各个问题之材料搜集整理编订成帙，不足以资探讨”③。因此国民政府便搜集整理材料，并将各省市的劳工法规整理编订出版劳动年鉴，以备参考。又，内政部为了降低传染病发病率，组织了一些调查。比如1933年，该部对于全国传染病情况进行了调查，对于八种主要传染病的流行省份进行了统计。

当然，南京国民政府关注民生，并不是真正关心人民，目的

---

① 秦孝仪. 革命文献（第75辑）：抗战前国家建设史料——实业方面［M］. 台北：“中央”文物供应社，1978：91.

② 秦孝仪. 革命文献（第75辑）：抗战前国家建设史料——实业方面［M］. 台北：“中央”文物供应社，1978：157.

③ 秦孝仪. 革命文献（第75辑）：抗战前国家建设史料——实业方面［M］. 台北：“中央”文物供应社，1978：158.

是为了缓和阶级矛盾、缓解统治危机，从而巩固其统治。

第五，为政府社会服务组织的具体业务提供信息。

比如铁路系统和银行系统，社会调查可以帮助其确定业务发展的方向，因此其也热衷于社会调查。铁道部建设司专门设有调查科，"以经济设计为其专司，故于沿计划路线附近之经济情形，必须明了方能酌定路线；而欲明了沿线附近经济情形，自不能不实地调查，以收正确之效"①。鉴于此，铁道部1930年组织了经济调查队奔赴云南、贵州等省份进行调查。而银行方面也在各自的领域内进行了一定的调查。最先重视银行调查的是一些归国的民办银行家。比如陈光甫，他极其重视社会调查对银行发展的重要作用，在银行内部特设调查部，专责金融商情调查，并且指出："调查部为银行之最重要部门，每星期刊行金融商情周报，调查至为明晰，而判断亦确有见地，……"② 他还对调查研究的范围做了详细的规定。在其所办的上海商业储蓄银行的带动下，各银行纷纷开展了社会调查，并出现了一些专门刊登银行调查的刊物，比较著名的是上海银行业的《银行周报》。该刊曾经刊登多篇银行调查报告，主要阐述信用调查对于银行的重要性并且呼吁各银行仿效欧美日等国家尽快设立调查部，以规避金融风险。除此之外，还刊登了不少其他方面的社会调查报告。在民办银行的推动下，国民政府所属银行也逐渐开始重视调查。1933年，蒋介石命令中国农民银行经理郭外峰调查农村经济实况及粮食生产状况，以制定救济和合作方案，要求"各省分行需赋其唯一任务，即切实调查各该省农村经济实况与其出产之过剩或不足。应分区分期列表统计。限一年初步查毕，二年复查完毕，并会定救

① 本部经济调查队一年来经过概况［J］. 铁道公报，1929：76.

② 中国人民银行上海市分行金融研究所. 上海商业储蓄银行史料［M］. 上海：上海人民出版社，1990：875.

济与合作方案，尤须注重缓急先后之次序。惟此须统计与合作专材，不妨多用几人也"①。政府银行和民办银行的功用有一定区别，政府银行承担的责任更大，所以在社会调查目的上也有所差异。

尤须注意的是，这种"正相关性"并非意味着只要在制定政策之前开展了社会调查，该政策就是科学的。"社会调查既然是一种工具，用得好固然可以帮助我们得出正确的结论，用得不好就会得出错误的结论。"② 因此只有有效的社会调查与政策制定的科学性之间才呈现正相关关系，否则便为无效调查。所谓有效的社会调查，是指具备一定调查知识的调查者运用科学的方法，经过实地调查而取得社会调查资料的过程。时至今日，我们依据现有材料可能无法鉴别调查是否有效，只能采取审慎的态度来对待。

二、社会调查与政府政策制定之间具有"因果不对称性"

南京国民政府各部门开展的调查统计工作，一定程度上为政府相关工作的顺利进行提供了依据，避免了政策施行的盲目性。需要注意的是，社会调查尽管在现代化进程中发挥了较大的作用，但是对这种作用不宜评价过高，因为不仅前文所提及的调查结果的真伪值得怀疑，更为重要的是，由于调查成本比较高，并非所有的政府行为都事先经过调查，调查结果与政府工作的相关程度也是不确定的，有可能存在"因果不对称性"，也就是说并非所有的调查结果都会被采用，必须具体问题具体分析。这就涉

① 中国人民银行金融研究所．中国农民银行［M］．北京：中国财政经济出版社，1980：125.

② 西超．略谈社会调查［J］．读书与出版，1947，2（8）：6.

及一个非常重要的问题，即当时普遍存在的“行政不能利用统计，统计与行政脱节”①。造成这种现象的原因一方面是制度建设的滞后，各部门之间缺少有效的沟通；另一方面与政府官员自身的素质有关。只有深受科学观念浸润的人，才能尊重科学方法，而在当时的中国，科学观念的普及显然不够。时人已经认识到了这个问题，很多著作和材料中对此都有论述，曾经有学者明确指出政府部门应当对调查统计数据尽量利用：“社会建设所需要的统计，原是作为建设社会的依据，故统计结果如果精确，则一切社会建设事业的推进，都应以这个统计数字为工具，庶乎一切建设方案的实行，毫无扞格不入的弊病。如统计自统计，建设自建设，则统计虽精，何贵乎有？印刷虽美，更只是徒耗金钱而已！”② 南京国民政府编撰的《中华民国统计年鉴》中也提到：“前国民政府主计处成立以来，对于统计机构之建立，统计方案之制定，统计资料之登记调查与整编刊行，积极推进，差有成效。惟如何推广其应用，有待继续努力。”③《中国现行主计制度》中提到：“政府统计之功用，在能作为政府设计之根据与施政之参考，故不但行政须能利用统计，而统计与行政尤须取得密切之联系，始有功效之可言也。但我国目前之行政官员，除少数例外，大都不能利用统计：或不知统计之功用，根本不办统计；或虽口称统计有用，但仅草率办理敷衍门面；或虽确知统计有用而认真办理，但因缺乏科学训练，无法分析统计，故统计之功用亦不能充分发挥也。因此行政界因无法利用统计而轻视统计人员，统计人员因当局

① 卫挺生，杨承厚．中国现行主计制度［M］．上海：商务印书馆，1946：378—379.

② 汪龙．社会建设与统计［J］．时代精神，1941，3（4）：64.

③ 国民政府主计部统计局．中华民国统计年鉴［M］．南京：中国文化事业公司，1948：1.

未能善用其统计而轻视当局人员；是故统计与行政乃生隔阂。”① 这样导致的后果是：“行政界有了资料乃自制不切实用的统计，统计界因为缺乏资料而不能编制统计，更不能编制行政上需要的统计。”② 调查统计对于政府行政的作用没有发挥出来，“盖国家行政尚未能极力讲求效率，主管行政人员于拟定施政计划之初，既不以调查统计之结果为依据，即计划实施之后，亦不以统计方法为考核施政成绩之工具也”③。

南京国民政府社会调查是中国由传统向现代转型在政治领域的反映，较之晚清政府和北洋政府社会调查内容更加丰富。但是，南京国民政府进行社会调查的根本目的是为了维护大地主大资产阶级的统治，且调查本身还存在很多弊端。

①③ 卫挺生，杨承厚. 中国现行主计制度［M］. 上海：商务印书馆，1946：374.

② 谢杰民. 我国统计事业的检讨及其改进［J］. 服务月刊，1939，2（3/4）：103.

第二章　国防设计委员会、资源委员会社会调查与南京国民政府经济建设关系探究

国防设计委员会成立于1932年11月1日。“九一八”事变之后，日本帝国主义的侵略野心愈加膨胀，国民政府不得不做抗战的准备。但当时中国国防力量薄弱，政府必须未雨绸缪，进行全盘的国防计划，方能应对日本的侵略。时任南京国民政府教育部常务次长的钱昌照向蒋介石建议组织一个专门的机构，物色一批知名的专家学者来从事国防建设的调查研究以及计划制订工作。蒋介石采纳了这一建议，于是国防设计委员会应运而生。后该委员会改组为资源委员会。国防设计委员会成立之初就定位于调查研究与制订计划，那么为什么要开展资源调查？国防设计委员会、资源委员会究竟组织了哪些调查研究工作？其影响和意义如何？其存在的问题又有哪些呢？本章拟就以上问题进行探讨。

第一节　国防设计委员会、资源委员会社会调查工作总体状况

一、实施资源调查的原因

欲探讨开展资源调查的原因，必须首先明了何为“资源”。

简言之，资源就是可以利用的自然物质，它包含的范围广泛，南京国民政府执掌资源事务的机构是实业部，但是实施资源调查的机构却不一而足，国防设计委员会、资源委员会、地质调查所等都是这类机构的代表。那么南京国民政府大规模开展资源调查的原因是什么呢？

南京国民政府成立之后，财政困难严重威胁着政权的生存，因而经济建设是必须要提上日程的事务。

进行经济建设，仅仅靠纸上谈兵是不足取的，必须有严密的设计和规划作为建设实施之蓝图，而设计和规划源于对于社会事实的科学认知。南京国民政府对于中国基本国势的了解有限，使得工业发展无从着手，所以资源调查成为政府和社会亟待完成的重要任务。但是，资源调查真正在全国范围内大规模地开展还是在日本入侵之后。

“九一八”事变后，南京国民政府加紧备战，于1933年通过了“以国防为建设中心”的《国家建设初期方案》。根据这一方案，南京国民政府拟用四年的时间进行全面的军事、政治、经济、教育建设，而欲使国防建设方针得以贯彻实施必须首先进行“国防设计”，即根据各种调查统计，设计精确的建设计划和科学的实施进度。

概言之，开展资源调查既是南京国民政府“训政”时期的应有之义，也是在日军侵华的咄咄逼人之势下产生的反应。不管如何，促进经济发展是政府的职责，因此在中国向现代化迈进的关键时期，政府开展大规模资源调查以发展工矿业也就不足为奇了。国防设计委员会、资源委员会正是开展资源调查的专门机构。

二、国防设计委员会时期社会调查工作状况

国防设计委员会成立之后，“其任务着重于全国资源以及工业情况之调查，并研究设计与国防有关之工业建设方案，其实质范围可以说仅限于国防上之需要”①。因此，主要负责人翁文灏和钱昌照等都非常重视调查研究工作。该会第一任秘书长翁文灏先生是国际知名的地质学家，他曾经指出：“古人说，七年之病必求三年之艾。现在可以说五年建设，必须先有五年的测量调查和研究。……中国在前清末年的建设事业，差不多都是毫无计划，贸然实行，所以用力虽大而成效甚微，甚且还引起许多危险。民国以来方始有些测量调查研究的工作，但仍未尽得实用，或者因为不能一贯进行，所有成绩大半损失。”② 以此来说明调查是制订建设计划不可或缺的重要步骤。

同时他在给钱昌照的信中也强调了调查工作对于计划制订的重要性，要求国防设计委员会在搜集材料的基础上制订计划。他还指出，调查研究并非一件简单的事情，“必须融合许多事实的知识和经验，为事原非易事也”③。

钱昌照在其回忆录中也介绍了国防设计委员会重视调查研究的初衷，因为国防设计委员会最初设置的目的就是为抗战作准备，尽快增强中国的国防经济实力。为此必须有一个长期的规划，而制订规划，必须首先弄清楚我国的物质资源和人力资源。本着这个原则，国防设计委员会在最初成立的几年里，主要开展

① 程玉凤，程玉凰．资源委员会档案史料初编：上册［A］．台北：“国史馆”，1984：5．

② 翁文灏．建设与计划［J］．独立评论，1932（5）：12．

③ 戚如高，周媛．资源委员会的《三年计划》及其实施［J］．民国档案，1996（2）：96．

的就是调查研究工作。除此之外，钱昌照还道出了政治上的原因，之所以从调查研究入手来开展国防设计委员会的工作，也是为了罗致一批社会贤达和名流学者来充实和扩大蒋介石的政治基础，因为这些人都是社会各个领域的精英。

调查研究工作的开展得到了身为国防设计委员会委员长的蒋介石的支持。为了保证调查研究工作的顺利进行，应翁文灏的请求，蒋介石通过国民政府通令全国，批准国防设计委员会可以任意调阅任何一个机关的机密卷宗。① 由此可见，国防设计委员会不仅有着一流的专家学者，而且还有着其他机构和部门所不具备的便利条件，这些都为调查工作的顺利进行奠定了基础。

以上种种情况在工作中得到了贯彻，首先在组织机构的设置上，于秘书厅下特设调查处作为专门的社会调查机构，由本会内部派员对各项资源加以调查统计，作为研究设计的张本，从而予以开发建设。另外非常注意利用现有的社会调查机构，秘书长翁文灏先生曾经说过："这种专门机关不必完全另起炉灶，一一创立，国内现有的调查所、研究所都应尽量利用。一则事半功倍立刻可用，一则也使这种研究机关多加几分为国努力实事求是的意义。"②

鉴于此，国防设计委员会从每月十万元的经费中抽出 20% 用来资助当时一些著名的研究机构，如地质调查所、北平社会调查所和中国经济统计研究所，或委托这些机构，或与这些机构合作从事专门项目的调查研究。③ 这种方式创造了国防设计委员会与

---

① 戚如高，周媛．资源委员会的《三年计划》及其实施［J］．民国档案，1996（2）：96.

② 翁文灏．经济建设与技术合作［J］．独立评论，1933（63）：9.

③ 郑友揆，程麟荪，张传洪．旧中国的资源委员会（1932—1949）——史实与评价［M］．上海：上海社会科学院出版社，1991：11.

科研机构共赢的局面。

该会还通过借调其他部门专业人员来实施调查，比如长江三峡勘测工作就是借调了建设委员会电气工程师恽震，山东省建设厅水利工程师曹瑞芝，交通部长江水道整治委员会技术处长宋希尚、水道测量总工程师史笃培及技术员陈晋模。1932 年 11 月，他们组成了一支勘测队，对长江三峡进行了 19 天的勘测和调查，完成了《扬子江上游水力发电勘测报告》，呈送国防设计委员会。

那么国防设计委员会调查处最初进行了哪些调查工作呢？兹就材料所及，列述以下诸项：

（1）关于江苏句容地区食品原料生产的调查。（2）关于粮食储备及分配的调查。（3）关于中国无线电台及设备的调查。（4）关于津浦铁路沿线的调查。（5）关于津浦铁路沿线矿产资源的化验。（6）对津浦铁路经营管理进行考察，包括车站设备、机车车头及车辆等。（7）对在中国的企业进行调查。（8）对全国的公路系统进行考察。（9）对江苏、浙江、安徽、湖南、湖北、江西、河南等省的公路系统进行重点调查。（10）对地方金融系统进行调查。（11）对食物资源问题的研究。（12）对中国人口问题的研究。（13）对江苏、浙江、河北、山东、山西等省的经纬度进行全面勘测，绘出这些省的 1：200000 地图。（14）关于华中和华南食品资源的征集和分配的调查。（15）对句容地区农业状况的调查。（16）对句容地区土地分配的考察。（17）对句容地区灌溉系统的考察。（18）关于中国水路交通系统的考察。（19）关于江西省稻米运输及配给的考察。（20）关于武进、南通地区土地税的考察。①

国防设计委员会下设八个组进行调查工作，下面笔者逐一

① 中国第二历史档案馆．国防设计委员会工作概况［J］．马振犊，许茵，译．民国档案，1990（2）：29.

介绍。

经济及财政组：国防设计委员会认为，“该组工作被认为是研究国家财富的来源，调查与分析在一般情况下经济萧条与经济衰落的原因，找到一些在特殊情况下改变中国财政体系状况的办法，目前所有的努力都集中在解决国民政府及地方政府财政问题之上”①。在这种思想的指导下，该组与北平社会科学调查所合作，开展了大量的调查。以地方财政为例，“由于缺少准确的报告，地方财政正面临困难，不凭借调查的方法就要想在这个领域里进行详尽的研究几乎是不可能的”②。因此，该组派员赴浙江、江苏、江西、安徽、湖北、湖南、河南、河北、山东、陕西、山西、察哈尔、绥远等省实地调查了各省财政制度及现状。调查发现多个省份政府的财政预算中存在严重的赤字，这些调查结果形成了制定全国地方财政政策的依据。

原料及制造组：工业原料和矿产资源是重要的战略物资，当时中国的工业基础非常薄弱，大部分工业产品及原料依靠进口。如果战事爆发，日本很可能切断我们周边的交通，中国在获取物资方面将会面临极大的困难。因此必须努力实现主要工业产品和原料的自给，而要实现这一目标，必须掌握中国资源状况以及现有的工业生产能力的状况。

该组主要进行了矿业调查和工业调查。矿业调查主要是与北平地质调查所合作，由国防设计委员会负担经费，由北平地质调查所负责实际工作，当时地质调查所所长是翁文灏。工业调查主要是与中国经济统计研究所合作，国防设计委员会出经费，中国经济统计研究所负责实际工作。下面笔者列举一些主要调查。

矿产调查方面，主要对金属矿、煤矿、石油矿进行了调查。

---

①② 中国第二历史档案馆．国防设计委员会工作概况［J］．马振犊，许茵，译．民国档案，1990（2）：36.

金属矿的调查主要包括四川、青海的金矿，长江流域各省及山东、福建等省的银矿，湖南、广西的锌矿，湖南、江西的钨、锑、锰矿，云南的锡矿及钨、锑矿，浙江的矾土矿等。从1933年起，该组对全国的铁矿和湖北、河南、山西、四川、云南等省的铜矿实施了调查，经过调查之后，大部分制订了开采计划。

对于煤矿的调查分为两类。第一类是对铁路沿线、长江流域已经开发的煤矿进行详细的调查，主要研究它们的生产状况、运销情形等，具体内容包括“煤矿的地点、交通设施，矿山公司的历史、组织、资本、工厂设备、矿山区域、煤矿工程、产品质量，不同时期煤的价格，目前经营条件、劳动条件、辅助工程和现在的改进、将来的发展计划”① 等，为抗战时期燃料统制作准备；第二类是针对内地准备新开采或扩建的煤矿的调查，如江西的萍乡、高坑、天河煤矿及湖南的谭家山煤矿等。

石油矿调查方面，主要对陕西与四川石油地质进行了调查，并且于1933年组建了勘探队赴陕西延长等地进行石油勘探。次年，该勘探队扩大为陕北油矿探勘处，这是国防设计委员会唯一的生产单位。另外国防设计委员会对四川自流井、火井以及国内石油的供需情形也开展了详细的调查。

此外，国防设计委员会还比较重视水利的调查，组织了水利勘测队，主要由黄育贤负责，包括壶口黄河水利，甘肃黄河水利，扬子江上游及浙东、四川水利等。

工业调查主要分为两种，一种为一般工业调查，一种为特殊工业调查。一般工业调查，采取与科研机构合作的形式，由国防设计委员会拨款八万元，交给中国经济统计研究所承办。研究所拟定了全国工业调查计划，派员赴华北、华中、华南等主要工业

① 中国第二历史档案馆. 国防设计委员会工作概况［J］. 马振犊，许茵，译. 民国档案，1990（2）：32.

市县145处，拟定了《中国工业调查报告》①。特殊工业调查对象大多为钢铁冶炼厂、机器制造厂、造船厂、化工厂和电器器材厂等重工业工厂，后来逐步扩展到对与民生有关的碾米厂、面粉厂、榨油厂、棉纺织厂、火柴厂的调查。

运输及交通组：当时中国的交通运输状况十分落后，远远不能满足战时国防的要求。以铁路为例，“现阶段中国铁路极不敷用的事实将在开展一次大规模防卫战争方面造成极其困难的状况，并将阻碍其脱离对人力物力使用的依赖以及在外敌入侵时广泛地分散资源物资”②，所以加强交通运输力量成为刻不容缓的任务。欲建设就必须明了现有的交通运输情况，该组将其工作主要分为铁路、公路、航运、电讯四部分。铁路在军事行动中起着至关重要的作用，该组人员对铁路的测量调查工作非常重视，主要工作是沿着津浦线进行测量，并逐站进行调查。公路在军事行动中的作用仅次于铁路，公路方面主要注重调查华中、华南、华北各省公路通车情形、汽车辆数、汽车修理厂等。航运调查包括对水道、船舶、港口设备、引水人员等项状况的调查。电讯调查包括对全国无线电台、有线电报、电话、电讯材料、电讯人才等各种状况的调查，并拟有器材储备制造及紧急时期国内重要电工器材厂迁移计划。

土地及粮食组：该组主要的任务是调查全国粮食的生产、运输、市场供应状况，拟制粮食储备计划和战时粮食统制的办法。这项工作范围广泛，由于人力财力所限，国防设计委员会只挑选其中最重要的试行创办。其中主要有江苏句容县人口状况抽样统计试验以及土地调查，江苏武进、南通及浙江22个县的田赋调

① 刘大钧. 中国工业调查报告［R］. 南京：中国经济统计研究所，1937.
② 中国第二历史档案馆. 国防设计委员会工作概况［J］. 马振犊，许茵，译. 民国档案，1990（2）：32.

查等，此外还调查了华中地区粮食运销状况。

专门人才调查组：蒋介石认为："设立专门人才之调查登记机关，类别其事务上或技术上之专长，遇有国内产业机关需要专门人才时，总机关应设法介绍供给之。……此项调查人才及供给人才之工作，尽量利用各学术团体之协助。"① 国防设计委员会在其成立后不久就设立了专门人才调查组，将专门人才调查作为国防资源调查的一个重要方面，其任务主要是"调查专门人才并组织全国人才以取得有效联络"。1934 年起，专门人才调查组开始着手组织调查全国专业人才状况，主要调查具有高等文化水平以及在各自领域内有成就的工程技术人员、科学家、教授等的基本状况。为此，专门人才调查组特别制定了各种调查表格，向全国各种机关团体和公私厂矿广为散发，截至 1937 年，已收回各种调查表格 80000 余份，其中约有 25000 份为工程技术人员所填。②资源委员会根据这些调查首先编制了《全国矿冶专门人才调查报告》与《全国机械专门人才调查报告》，之后又扩充为《中国工程人名录》一书，于 1940 年出版。这项调查为资源委员会选拔人才提供了很大的便利，抗战时期资源委员会从事重工业建设，很多技术人员都是据此招募的。

军事组：军事力量是一国国防力量最直接的体现，当时南京国民政府的军事计划主要由军事委员会和参谋本部负责，国防设计委员会难以插手，因此尽管该组的任务是"密切注视军事进展情况，并准备统计数据或其它与军力、军备、军火有关的情报资料等事宜"③，但是实际上只做了一些提纲挈领的工作，主要是对

---

① 蒋介石. 物质建设之要义 [J]. 军事杂志，1937 (98)：20—21.

② 孙拯. 资源委员会经过述略 [J]. 资源委员会月刊，1939，1 (1)：5.

③ 中国第二历史档案馆. 国防设计委员会工作概况 [J]. 马振犊，许茵，译. 民国档案，1990 (2)：29.

于军事现状的调查和战时军备建设计划的制订，还包括各地要塞兵营的建筑、江防海防空防的设备，军、民用航空建设等。军事调查方面，曾经设计了64种调查表格，对陆海空军力量、防御工事和设防区域以及兵工厂与辅助力量等进行了调查，但是并没有结果；建设计划方面，先后与相关军事部门制订了《国防军事建设计划》《国防军备十年计划》《国防航空五年计划》《兵工整理计划》等。①

国际关系组：该组关注的是对外关系中的国防事务，“重点集中在日本、苏联和美国，特别是有关日本的国内政治局势和其对华政策”②。主要工作包括：各国在华经济情况调查，撰写日本、英国、美国、德国、法国在华经济文化调查报告；分析欧洲的国际关系，着重研究英国、苏联、德国、法国、意大利等国外交政策的演变以及现状；对中国边疆问题进行研究，搜集了大量的关于边疆地区的地理环境、历史沿革、人文经济状况等相关资料并撰写了调查报告；等等。

文化组：国防设计委员会认为提高全民族的文化素质、培养人民的爱国精神是建设国防的根本问题，但是国民教育范围过广，决非其所能兼顾，因此令文化组编制了一些国语、公民、历史、地理等教科书，研究了世界各国青年训练方法。

除上述八组外，国防设计委员会还开展了西北调查工作。20世纪30年代，时人逐渐认识到西北的重要国防地位，纷纷要求开发西北，但当时国人对于西北实际状况并不十分了解。要想开

---

① 郑友揆，程麟荪，张传洪．旧中国的资源委员会（1932—1949）——史实与评价［M］．上海：上海社会科学院出版社，1991：11—12．

② 中国第二历史档案馆．国防设计委员会工作概况［J］．马振犊，许茵，译．民国档案，1990（2）：31．

发西北，必须首先了解西北的状况，国防设计委员会为此组织了西北调查团，赴陕西、甘肃、青海等地进行了为期两年的实地考察，收集了这些地区的大量政治、经济资料，包括水利测量、地质矿产、垦牧及民族、农作物及移垦、人文地理等，并提出了开发西北的具体计划。可惜的是，这些计划最终并未实施。

从以上各组的活动可以看出，国防设计委员会工作的重点在于国防经济的调查研究。在该会存在的两年半时间里，各组基本上按时完成了调查任务，并且撰写调查报告 156 个。另外，国防设计委员会还根据调查结果制订了计划，为重工业建设的开展奠定了基础。

国防设计委员会制订的计划主要有：

（1）《重工业建设五年计划》：具体规定了各类工业投资额、投资来源、设厂地点、各年产量等，作为建设的准绳。计划开始时进展比较顺利，后来则因为战局恶化未能继续，但是计划的实施提高了内地工业发展水平，增强了抗战的物质基础。

（2）《战时燃料及石油统制计划》：抗战时期军事委员会根据此项计划实施煤炭管理，经济部成立的燃料管理处及行政院成立的液体燃料管理委员会，也是根据这个计划设立的。

（3）《全国铁路军事运输能力报告及运输报告》和《运输动员及统制初步计划》：提供给主管机关作为重要的参考。

（4）《粮食存储及统制计划》。

（5）《四川水力发电计划》：1937 年 7 月龙溪河水力发电的开发，就是按照这个计划进行的。①

---

① 程玉凤，程玉凰. 资源委员会档案史料初编：上册［A］. 台北：“国史馆”，1984：104.

三、资源委员会时期社会调查工作状况

（一）抗战之前社会调查工作状况

1935 年，为强化抗战准备，军事委员会内部进行改组合并，将其所属的兵工署资源司与原来属于参谋本部的国防设计委员会合并，易名为资源委员会。资源委员会成立之后，设有调查处和统计处，调查处分为交通、动力、矿业和专门人才四组，统计处分为粮食、农垦、林牧、土地、财政、重工业经济状况研究、资源统计各组，分别从事调查研究与计划拟制。

资源委员会组织条例第一条规定：关于人的资源及物的资源之调查、统计、研究事项。① 由此可见，调查研究依然是资源委员会成立之初的一项重要工作，但是其调查工作重心主要集中在经济资源的调查上，停止原有的军事、文化、国际调查工作，并且在调查研究的基础上将工作重点转变为制订各种资源建设及战时动员的计划。到抗战爆发前，该会对全国的农业、工业、矿业、交通、运输、人才等六项经济资源做了较为详细的调查统计，并分别拟定了调查统计报告。其具体调查如下：

（1）在鄂、赣、豫、皖、江、浙六省选择 84 处重要市场，设立粮食定期报告制度，以便随时了解各地粮食仓储、运销状况。

（2）调查了西北地区（陕西、甘肃、宁夏、绥远）各省农业作物、农田水利、移垦、畜牧、森林、特产，以及鸦片产销、禁绝办法等情况，编制了 13 个调查报告。

（3）江、浙、皖、赣、湘、鄂六省农政、地政调查报告和浙江全省及某些县的田赋调查报告。

---

① 程玉凤，程玉凰．资源委员会档案史料初编：上册［A］．台北：“国史馆”，1984：27.

（4）全国煤炭生产、运销、消费状况调查统计。

（5）钨、锑、锡、铜、锌、铝等重要战略矿产的调查、研究。

（6）全国石油生产、进口、运销及存货状况调查统计。

（7）中央财政及债务统计。

（8）江、浙、赣、皖、豫、湘及上海市地方财政调查报告。

（9）国内主要口岸间货物流通详细统计。

（10）主要国有铁路货物运输统计。

（11）水运军事运输纲要。

（12）长江流域金属、电气、机械及重化工业状况调查统计。

（13）根据生产流通统计对各区域主要资源平时有余或不足的初步估计。

（14）全国各省市1935年度岁入岁出概算汇编及其分县税收初步估计。①

经过初步的调查研究，资源委员会拟出了了大量计划。到抗战前夕，资源委员会已制订了食品及重要农产原料、矿产品、工业、贸易、交通、财政与金融、人员等七大类数十项临时动员计划。其中最主要的有以下这些：

粮食等农产品存储及统制；煤业动员计划大纲；液体燃料初步动员；食品、纺织、火柴、造纸、印刷等民生必需工业品统制；金属、机械、交通工具制造业、化工、电工、水泥等工业统制；对外贸易临时统制计划；临时吸收在外资金计划；运输动员及统制计划；全国技术人才、技工动员计划大纲；非常时期国家

① 郑友揆，程麟荪，张传洪．旧中国的资源委员会（1932—1949）——史实与评价［M］．上海：上海社会科学院出版社，1991：20—21.

财政动员计划大纲；专门人才统制计划。①

1936 年，随着调查统计和研究设计工作的陆续完成以及应对日本侵略的实际需要，资源委员会的工作重点开始逐步转为实际创办重工业企业。在此过程中，社会调查亦有新的转向。

（二）抗战之后调查工作状况

资源委员会在抗战后调查工作的重心转移到了地质调查方面，所依托的载体是资源委员会矿产测勘处。该处前身为 1940 年 6 月 15 日成立的叙昆铁路沿线探矿工程处（谢家荣担任总工程师）。1940 年 10 月 11 日，探矿工程处改组为资源委员会西南矿产测勘处，谢家荣担任处长。1942 年 10 月 1 日，西南矿产测勘处改组为矿产测勘处，担负起全国矿产的勘探事业，谢家荣仍然担任处长。1949 年 5 月，该处由中国人民解放军南京军事管制委员会经济部接管。

矿产测勘处在抗战期间做出了很大贡献，尽管条件极其艰难，但是在四川、湖南、云南、贵州、西康开展了大量的地质调查工作，为抗日战争的胜利奠定了坚实的工业基础。抗战期间其主要地质调查成果如下：

表 2－1　1938—1945 年矿产测勘处主要调查成果表

类别	主要调查成果
煤矿	调查 60 余处
铁矿	在滇、黔、康境内发现 16 处
铜矿	发现 20 处
银铅锌矿	发现 25 处

① 郑友揆，程麟荪，张传洪．旧中国的资源委员会（1932—1949）——史实与评价［M］．上海：上海社会科学院出版社，1991：21.

续表

类别	主要调查成果
汞矿	发现10处
金矿	发现3处
钨矿	发现2处
锡砒矿	发现5处
锑矿	发现7处
镍矿	发现1处
铝矿	发现27处
油田	发现3处
盐矿	发现4处
瓷土矿	发现3处
磷灰石矿	发现5处
硫黄矿	发现5处
硝石矿	发现1处
石棉矿	发现7处
云母矿	发现5处
刚玉矿	发现1处

抗日战争胜利之后，各方面条件有了较大的改善，该处的工作渐入佳境，诚如谢家荣所说："它已由过去在西南后方的面或线的概测，进而达到现在的点的详测；从地面的地质观察进而达到地腹的工程钻探了。"① 主要调查成果如下：

① 殷维翰. 矿产测勘处对中国勘探事业的贡献［M］//郭文魁，等. 谢家荣与矿产测勘处——纪念谢家荣教授诞辰100周年. 北京：石油工业出版社，2004：11.

表 2－2　1945—1949 年矿产测勘处主要调查成果表

类别	主要调查成果
煤矿	调查安徽淮南新煤矿，湖南湘潭中湘煤矿，江苏南京附近煤矿，河南渑池英豪煤矿，湘赣铁路沿线宜春一带的煤矿，河北开滦煤矿区中的国营矿区，安徽宣城、怀远、大通煤矿，江苏镇江煤矿、铜山贾汪煤矿，台湾新竹煤矿
铅锌矿	调查并发现了江苏南京栖霞山铅锌矿
磷矿	调查并发现了安徽凤台磷矿
铝矿	调查并发现了福建漳浦铝矿
铜矿	调查并发现了安徽铜陵铜官山铜矿
铁矿	调查了安徽当涂马鞍山铁矿、江苏南京凤凰山铁矿、湖北大冶铁矿
铀矿	调查了广西钟山黄羌坪和辽宁海城的铀矿
石油	调查了台湾，四川重庆、遂宁、绵阳等地的石油资源
钨、锑、锡矿	调查了湖南新化锡矿山锑矿、两广以及贵州的钨、锑、锡矿
地下水	调查了台湾地下水

总的来讲，矿产测勘处在极其艰苦的条件下，通过大量的地质调查工作，为支持大后方工矿业的发展做出了贡献。

四、国防设计委员会、资源委员会社会调查的特点以及不足

国防设计委员会、资源委员会开展的调查研究工作是国防备战的重要组成部分，不仅内容丰富、参与人员众多、影响深远，并且具有独特之处，具体表现在：

第一，调查人员大多是国内外一流的专家学者，他们掌握着

相关领域的尖端知识，在各自的领域开展调查应当说是游刃有余。比如洪中①等人负责调查军事，钱端升②等人负责调查国际关系，孙拯③等人负责调查财政经济等。他们多数有着海外留学的背景。

第二，开展的调查大多形成了调查报告。据统计，仅在国防设计委员会时期就形成了156个调查报告。这些调查报告以实际调查为基础，运用了统计学、社会学以及经济学的方法和理论，具有很高的资料和文献价值，同时也是制定政策的重要参考资料。以《试办句容县人口农业总调查报告》为例，该报告采用了统计图和统计表相结合的方式，运用了35个统计表、8个统计图，直观醒目，具有很强的说服力。另外，报告中还运用了现代社会学以及统计学的理论方法及名词，比如出现了中数和平均数的计算。总的来说，这篇调查报告具有较高的价值。

第三，调查方式多种多样，尤以派员调查和发放调查表最为常见。比如公路调查，各省采用的方法或者是用调查表的形式，或者是个人亲自实地调查。④ 水路运输调查亦是如此，“进行调查的方法与通常一样，采取调查表和个人调查的形式”⑤。

第四，国防设计委员会、资源委员会在开展调查过程中需要跟地方政府合作或借助地方政府的力量。比如国防设计委员会对江苏句容县人口农业的调查就是与句容县政府合作的，国防设计

---

① 洪中，曾任沈阳兵工厂厂长，后担任国民政府军政部兵工署署长。

② 钱端升，曾任中央大学、清华大学、北京大学以及西南联合大学教授。

③ 孙拯，曾留学日本攻读经济学，由陶孟和、刘大钧推荐加入国防设计委员会，此前是南京国民政府立法院专员，后曾任资源委员会经济研究室主任、经济研究所所长等职，并担任过资源委员会驻美副总代表。

④ 中国第二历史档案馆．国防设计委员会工作概况［J］．马振犊，许茵，译．民国档案，1990（2）：33.

⑤ 中国第二历史档案馆．国防设计委员会工作概况［J］．马振犊，许茵，译．民国档案，1990（2）：35.

委员会委托中国经济统计研究所办理的中国工业调查也要借助政府的力量，例如去省政府接洽，要有民政厅的介绍函，还要到建设厅搜集相关资料等。由于资源委员会本身就是政府机关，因此合作阻力较小，这也是政府机关相对于个人实施调查的优势所在。

第五，调查与国防密切相关。国防设计委员会、资源委员会在组织对某一行业或地区工矿资源状况调查之前，必须由相关专家列出一份详细的调查计划，阐明该项工作与国防的关系。

国防设计委员会、资源委员会的调查工作在实际操作过程中也存在着一些不足，主要表现在以下几个方面：

第一，涉及面过宽。其调查工作容易与其他部门的工作产生冲突，比如军事、国际关系、人口土地等方面均有专门的机关负责，资源委员会调查工作不易全面展开。

第二，调查报告强调数据资料，缺乏对数据的理论分析，大部分只能称之为一般的统计调查，并非专业化的统计调查。这也是我国社会调查发展早期的一个共同特点。比如《试办句容县人口农业总调查报告》《中国工业调查报告》均存在这个问题。

第三，某些调查结果应用程度不高，只能束之高阁。比如西北调查团曾经搜集了大量有价值的资料并拟定了开发计划，由于经费所限，这些计划最终并未实施。另外，资源委员会仅仅从事一些调查研究，而没有进行实质性的工作，逐渐引起了各方的猜测甚至是不满，很多人在蒋介石面前攻击钱昌照滥用公帑。正如钱昌照所言："在最初三年我们便从事于各种基本调查工作。第一年，没有建设，外界就开始怀疑；第二年还是没有，有人就说这机关要不得；第三年还是没有，大家都说这机关非取消不可。"①

---

① 陈真．中国近代工业史资料：第3辑［M］．北京：生活·读书·新知三联书店，1961：906—907．

五、国防设计委员会、资源委员会社会调查对于经济建设的价值

政府重视社会调查旨在发掘其实用价值，其积极推行调查固然跟当时民间社会调查风生水起有一定关系，但最根本的还是社会调查契合了政府施政的需要。国防设计委员会、资源委员会社会调查尤其是工矿调查，最大的价值是通过调查制订了各种工业发展计划，根据事实为工业发展提供了模板，尤其是在抗战过程中，战前调查的作用发挥得淋漓尽致，对于中国的政治、经济、军事、社会的发展变化产生了重要影响。

第一，通过调查研究为抵抗日本的全面侵略做了大量的准备工作。

国防设计委员会的主要工作就是针对日本的侵略，有计划地进行国防调查、统计、设计和计划。其工作大纲明确指出："现时已无庸设假想敌。……假如预料敌将由东北进扰平津，更中窥青岛、海州，南犯淞（淞）沪、浏河及乍浦，或更扰福州……则即以五十万现代的陆军为设计之起点。"① 由此可见，该会是针对日本的侵略而展开调查研究和设计工作。抗战开始后，该会从事的调查研究及提出的建议，成为国民政府制定备战政策的重要基础，为抗战时期大后方的经济建设提供了必要的准备。

第二，通过调查研究为资源委员会重工业建设奠定了基础。

抗日战争不仅是两国军事实力的较量，也是经济实力尤其是工业实力的对抗。工业是国防力量的基础，各种计划的制订以及

① 王卫星．论国防设计委员会［J］．学海，2004（6）：50.

实施奠定了国家的工业基础，增强了国防实力。国防设计委员会时期进行了大量的资源调查，其中一些是对近代中国基本国情和工矿业发展状况的首次大规模调查，为后来制定政策以及进行经济建设提供了重要依据。比如对于四川、江西等地的资源调查为资源委员会在这些地区开展工矿建设做了充分的准备。著名的《重工业建设五年计划》就是根据详细调查所得的材料制订的。1936 年资源委员会根据调查材料，分析了当时全国各种资源的供需情况，制订了这份计划，并据此创办了一批重工业企业。尽管日本入侵打乱了计划的实施，但是毕竟产生了深远的影响。

第三，通过调查研究为资源委员会重工业建设储备了人才。从事社会调查的专家都是各行业的精英，通过各种调查资源委员会招揽了大批人才。后来资源委员会开始大规模经办工矿企业时，许多重要干部就曾经担任过调查的主要负责人，比如原来在建设委员会工作的恽震、原来在地质调查所工作的金开英等人，后来都成为资源委员会的重要干部。

人才调查工作为抗战期间政府动员专门技术人才积极投入抗战服务做出了贡献。根据人才调查资料，资源委员会在上海、宁波、杭州等地征调了大批工程技术人员参加了战时服务和战地后勤工作，战争初期军事工程团的成立也是依赖上述资料，这些均为抗战提供了一定的保障。

纵观国防设计委员会、资源委员会的调查研究活动，我们可以看出，调查活动主要是为抗战做准备，旨在加强国防经济建设。资源委员会汇集了一批优秀的科技人才，使得调查研究工作能够顺利进行。事实证明，该会的各项调查与研究，为抗战时期大后方的经济建设提供了必要的准备，为抗日战争的最终胜利奠定了经济基础。其汇集的大批调查人才，也成为抗战过程中经济建设的重要力量。

第二节　国防设计委员会全国性调查模式探究——以1932年中国工业调查为例

20世纪30年代，中国经济统计研究所接受国防设计委员会的委托开展了一次全国工业调查，它是中国近代第一次大规模的工业调查，主持调查者多为当时国内知名调查统计专家。此次工业调查获得了权威的调查数据，其调查报告后来被学者竞相引用。这是中国第一次对于现代化的成果进行完整的调查统计，对于后世产生了深远的影响。本节意在探讨此次调查的背景、必要性、过程、特点、影响调查的因素、产生的强烈反响以及存在的问题，以期全面分析其在中国近代工业史研究进程中的重要作用。

一、工业调查的背景、必要性及过程分析

此次调查是在特殊的国际国内背景下进行的。彼时日本对于中国虎视眈眈，东三省已经沦于其铁蹄之下，为了抵抗日本侵略，南京国民政府开始备战。1932年底，国防设计委员会成立伊始，就针对日本咄咄逼人的侵略之势进行国防准备，首先启动了大规模的基本国势调查。工业调查为基本国势调查中的一种，在全国进行一次大规模的工业调查以明了当时中国的工业发展状况成为刻不容缓的任务，因此国防设计委员会决定由该委员会出资，委托当时中国经济统计最权威的机构——中国经济统计研究

所对全国进行工业调查。

此次工业调查的主要目的是巩固国防经济的需要。国防不仅有军事国防，还有经济国防。从军事国防的角度来看，在战争期间必须满足军队和人民的需要，很多军需品是与工业息息相关的，“近代战争发生之时，不独军队须充分动员，而全国工业亦须同时动员，以供给军队及一般人民之需要”。比如钢铁是重要的战略物资，我国的钢铁供给非常缺乏，“不能不从速调查真相，计划发展”。从经济国防角度来看，在和平时期，各国关税政策、货币政策等均与工业有着一定的关系。因此，工业调查甚为重要，是现代国家发展经济必须开展的一项重要工作，但是当时中国并没有完整意义上的工业调查统计，因此为了知悉本国资源，编制基本统计，必须进行工业调查。正如刘大钧所说：“工业统计为基本统计之一种，现代国家无不具备，且各国大都每年或每若干年举行调查一次，名为工业普查，我国向无此种统计。前北平政府农商部所发表者，全由各地方政府任意填报，既非根据实地调查，其数字自不可靠。国民政府成立以来，工商部亦曾于十九年调查全国工人生活及工业生产，但仅查得三十三城市，且偏重工人生活方面，而工业本身则仅查二三项目，至各地方自编之工业统计，亦寥寥无几，其项目参差不齐，尤不能得全国总数。”① 这就是说，在中国经济统计研究所调查之前，全国尚无一次真正的工业调查，所以适时开展一次全国范围内的工业调查显得尤为重要。

---

① 刘大钧．中国工业调查报告：上册［R］．南京：中国经济统计研究所，1937：1.

调查由中国经济统计研究所所长刘大钧①负责实施指导，由中国经济学社社员担任调查者，主要包括张宗弼②、吴德麟、郭锡昆、宋彦科、朱振宇等15人；担任整理工作的是刘大钧、陈忠启等13人。值得注意的是，王家栋、刘铁孙、赵永余、王庆麟既担任调查者又兼任统计者。报告撰写者为刘大钧、张宗弼、郭锡昆、吴德麟、赵永余、宋彦科、刘铁孙。从人员分布来看，领衔调查工作的为当时中国经济统计研究所的调查主任张宗弼，负责统计工作的为著名的统计专家刘大钧，两人均为该领域的专家，为此次工作顺利进行提供了保证。另外，在调查过程中如果有新派的调查员，便采取以老带新的方式，先帮助他们学习调查，待其具备一定的能力之后再让其单独调查，此举保证了调查的质量。

调查分为两个时期，第一个时期为调查实施时期，从1933年4月开始到1934年10月结束；第二个时期为统计整理时期，从1933年4月开始到1935年5月为止。从调查的时间分布来看，本次调查历时两年多，统计整理时间还要多于调查时间，主持统计的刘大钧在资料的整理方面费力颇多。

调查区域遍及华北、华中、华南三大区域共17省146个市县。调查项目繁多，包括组织、资本、场地面积、动力机、作业

---

① 刘大钧（1891—1962），字季陶，号君谟，原籍江苏丹徒，生于江苏淮安。毕业于京师大学堂。1911年赴美入密歇根大学攻读经济学和统计学，1915年获学士学位。1916年回国后任清华大学教授，积极推进中国经济状况的调查。1920年任北洋政府经济讨论处调查主任。1927年任汉冶萍公司会计主任。1929年任国民政府立法院统计处处长，后任统计局局长。其间先后发起成立中国经济学社和中国统计学社，任社长。参与组织中国经济统计研究所，任所长。1937年任军事委员会国民经济研究所所长。1941年任中央银行经济研究处专门委员。1942年任重庆大学教授、商学院院长。抗战结束后任联合国统计委员会中国代表等职。后移居美国。

② 张宗弼，时任中国经济统计研究所调查主任，后到国民经济研究所任职，协助刘大钧。

机、原料、产品、工人工资等171项；调查行业广泛，除了手工业、兵工厂、电灯厂、造币厂、影片制造厂外，其余凡有关者几乎全部涉及。

尽管中国经济统计研究所在调查之前进行了充分的准备工作，但是依然存在着诸多不确定因素，直接影响了调查的进程与结果。

第一是调查员自身的问题。调查员在调查过程中具有举足轻重的作用，其个人的素养决定着调查结果。本次调查的调查员均为中国经济学社社员，在专业水准方面自无可挑剔，但是在调查过程中仍不免有错误和疏漏之处，尤其是新派调查员所填之表，更需要详细审查。第二是工厂统计资料的完备情况。我国很多工厂沿袭以前的传统，仅仅有账本而无统计资料，工厂调查详表仅调查项目就多达170多项，仅有账本难以完成填写，因此对调查造成了一定的困难。第三是被调查对象知识水平的高低以及观念的新旧。如果其对于调查表中所用的名词不了解，比如动力机、作业机、动力来源等，会给调查造成很大的困难，只有详加解释才能减少误会。第四是被调查者的诚意问题。一般工厂对于政府调查非常慎重，唯恐政府借此征税，因此常常隐瞒，如果借用学术研究的名义，一般被调查者不能理解工业统计与学术研究的关系，解释起来比较困难。如果调查者托词提倡国货，被调查者不免夸张本厂的产量与制造能力，借此来招揽生意，他们或者对调查者再三推诿，或者完全拒绝，或者说假话，这些都是缺乏诚意的表现。比如在上海进行调查时，有几个厂始终推诿不肯填表，调查员往返多次，仍然没有结果。① 第五是外国势力的干涉。在调查过程中，调查员遭到上海工部局的阻挠，他们反对中国政府

① 刘大钧．中国工业调查报告：上册［R］．南京：中国经济统计研究所，1937：8．

调查工厂，并且下令各巡捕房对调查工作加以干涉，后来经过一再协商，最终同意以中国经济统计研究所和国货指导所的名义开展调查。由此可见，在当时的环境下，调查中国工厂尚且阻力重重，如若调查外资工厂，岂不更加举步维艰？

但是此次调查有其自身独特之处，主要表现在：

第一，调查属于委托性质，国防设计委员会和中国经济统计研究所共同拟定了详细的调查表格，经过了机械专家订正、部分工厂试填等一系列步骤方才投入使用。这些调查表格主要包括：工业地方概况调查表、工业分类调查表、工厂调查详表和工厂调查略表。

第二，借助了省县两级政府的力量。调查员每到一个省份，需要先到省政府接洽，核实是否已转令各市县协助，并且向省民政厅索取油印介绍函，以备到各县接洽时使用。之后，再与当地县政府进行接洽，请其在介绍各厂公函上面盖戳，并了解当地工业概况及各工厂名称。如果有商会和同业公会，调查员也要前往接洽，以期得到部分资料。

第三，被调查的全国各省市中，上海市工厂占多数，因其面积太大，所以在调查过程中采取了间接调查法，将全市分为七个区，由七个人分区调查。调查过程中首先制定了路名单，给每条路上的工厂送去了工厂调查略表，然后按照路名单沿路挨户调查，遇到合格的工厂就进行填表。其他省市的调查则采用直接调查法，调查员前往各工厂与负责人面谈，利用工业调查详表进行调查。

第四，对调查结果进行了反复的审查与核算。调查员填完表后交给中国经济统计研究所审核，审核整理工作由统计专家刘大钧指导进行。由于审查、复查、核算、编制统计表、撰写文字说明等一系列工作比较复杂，费时甚多，所以经过长达两年多的时间才形成了全国第一次工业调查的具体成果——《中国工业调查报告》。该报告作为军事委员会资源委员会参考资料第 20 号于 1937 年 2 月出版，它是研究中国近代工业发展的重要资料。

二、工业调查的结论分析

根据调查得出的结论是，符合《工厂法》“有原动力而使用工人三十人以上者”的工厂有 2435 家，其中上海市所占比重最大，有 1229 家，其他各省市总共 1206 家，总资本为 406926634 元，总产值为 1113974413 元，雇佣工人 493257 名。① 整个调查报告是以文字和统计表两种形式呈现出来的，统计表是主体，共分为上中下三册。上册为《概说》，主要以文字形式来呈现调查报告的内容，共分为三编：第一编为《报告纲要》，介绍了实施调查以及进行统计整理的经过。第二编为《工业分业略说》，从沿革、组织、机械之设备、制造手续、原料、产品、用途及销路等方面介绍了钢铁冶炼业、砖瓦业、玻璃业、水泥业等 24 种行业的具体情况，主要是以文字的形式弥补统计表未能一一表现之事实。第三编为《工业分地略说》，介绍了南京、上海、北平等 14 个城市的工业发展状况。中册为《合于〈工厂法〉工厂的分业统计表》，实际上是根据先前制定的工业调查详表得出的结论，内容比较丰富。下册为《地方工业概况统计表》，是根据先前制定的工厂调查略表得出的结论。其调查对象范围扩大，包含估计的成分，不符合《工厂法》的小规模工厂亦包含在内，涉及南京市、上海市、青岛市、北平市、成都县等 146 个市县。②

刘大钧对于此次调查相当满意，认为：“其普遍性及精密性

---

① 刘大钧．中国工业调查报告：上册［R］．南京：中国经济统计研究所，1937：4.
② 刘大钧．中国工业调查报告：上册［R］．南京：中国经济统计研究所，1937.

皆远过以前所有之工业统计，即较诸英美工业普查之项目，亦有过之而无不及也。”① 他还认为《中国工业调查报告》中册的统计最准确，主要原因是中册的数据系调查员采用工厂调查详表逐一查填的。针对的调查对象是拥有动力设备并且使用工人 30 人以上者。表中项目精细，共有 171 项，在调查过程中采用面谈的形式，每调查一厂须费时四五小时，共调查了 1206 家，这是本次调查的精髓部分。而下册的统计不太准确，其数据包含了工厂调查详表、工厂调查略表、分业估计表及调查员自填之工业分业调查表四种材料②，扩大了调查对象的范围，“不独用新式机械者加以估计，即用新式之原料，或制造方法，或其出品系仿制洋货者，皆加估计”③。由此可见其中包含了很多不符合《工厂法》的小规模工厂的数据，但是下册的统计并非一无是处，它对于计算工业总产值有一定价值。

《中国工业调查报告》出版后，备受学界推崇，随即成为当时中国工业调查统计的原始权威数据报告。20 世纪 40 年代巫宝三进行的著名的中国国民所得研究就是以该调查报告为依据。祝慈寿认为此次调查“可以代表抗战以前中国工业的概况，弥足珍贵”④。吴承明将此次调查视为“中国工业生产唯一较可靠之统计”⑤。姜义华指出：“丁文江、翁文灏《中国矿业纪要》（1921—1941），杨大金《现代中国实业志》（1937），刘大钧《中国工业

① 刘大钧．中国工业调查报告：上册［R］．南京：中国经济统计研究所，1937：3.
② 刘大钧．中国工业调查报告：上册［R］．南京：中国经济统计研究所，1937：1.
③ 刘大钧．中国工业调查报告：上册［R］．南京：中国经济统计研究所，1937：2.
④ 祝慈寿．中国近代工业史［M］．重庆：重庆出版社，1989：629.
⑤ 吴承明．中国社会科学院学者文选：吴承明集［M］．北京：中国社会科学出版社，2002：6.

调查报告》（1937）等，均有较高资料价值。"① 日本学者久保亨撰文指出："刘大钧几乎对所有符合《工厂法》的中国资本的工厂都进行了调查，被调查工厂数共 2435 家。在当时像这样调查之广泛，结果之准确，是其他工业普查所无法比拟的。"②

三、工业调查的不足之处

尽管《中国工业调查报告》享有盛誉，但是由于多种因素的制约，还存在如下几个方面的不足之处：

第一个不足之处是本次调查对象的选取。工业调查详表的调查对象是符合《工厂法》"有原动力且使用工人三十人以上者"的工厂，虽然有时稍加变通，但是并不具有普遍意义。所以笔者认为其对于调查对象是有着严格限制的，这种限制首先将在华的外资企业排除在外，其次对于中国工厂的界定也比较严格，将很多小的工厂排除在外③，尤其是还将占中国工业一定比重的手工业摒弃在调查范围之外。根据刘大中、叶孔嘉的估计，1933 年手工业在总增值中所占的份额接近 75%。④ 所以如果计算中国工业总产值的话，这种调查结果范围过小，不能反映当时中国工业发展的真实情况。

第二个不足之处是手工业、兵工、电灯、影片制造等少数工

---

① 姜义华，武克全．二十世纪中国社会科学：历史学卷［M］．上海：上海人民出版社，2005：233.

② 久保亨．关于民国时期工业生产总值的几个问题［J］．历史研究，2001（5）：31.

③《工厂调查略表》本来用来抽查那些不合《工厂法》的小工厂，后来废止，改为分业估计表，但仍有部分调查员查填，共计 1162 家，因数量有限，所以不具有普遍意义。

④ 费正清，费维恺．剑桥中华民国史（1912—1949 年）：上卷［M］．刘敬坤，等译．北京：中国社会科学出版社，1994：62.

业未包括在内。中国当时工业发展的一个基本情况是手工业多半规模很小，设备简单，可能无法达到《工厂法》的标准。本来在调查计划中规定将手工业状况以调查略表的形式进行调查，但是后来修订了计划，手工业被排除在外。兵工业由国防设计委员会派员调查，电灯由建设委员会调查，影片制造业在中国情况比较特殊，不宜归入工业范畴之内，这就导致该调查报告缺乏完整性，还有待于进一步完善。

第三个不足之处是调查的地域范围有限。由于当时国际国内环境以及工业发展状况的制约，未对一些省份进行调查。

第四个不足之处是未包含外资企业。当时中国的现代工业主要集中在沿海城市，外资企业占有很大的份额，所以将外资企业排除也从一定程度上影响了工业生产总值的推算。

因此 20 世纪 40 年代巫宝三《中国国民所得（一九三三年）》① 及其修正在《中国工业调查报告》的基础上进行了补充和修订，主要是从工业总产值的角度进行探讨，将未及之地域进行了补充，增加了对在中国本土的外资工厂，被日本占领的辽宁、吉林、黑龙江、热河四省和西部甘肃、新疆、云南、贵州、宁夏、青海六省的估计。经过详细的调查统计，1933 年中国工厂总数为 3841 家，其中华资工厂 3167 家，外资 674 家，总产值为 2186159000 元，华资工厂 1415459000 元，外资 770700000 元，雇佣工人 738029 名。但是这项统计还有一个连带问题，就是它以《中国工业调查报告》作为依据，同样存在着调查面过窄的问题，因为该报告调查对象仅限于“雇工在 30 人以上使用动力设备之工厂”，所以工业总产值实际上被低估了。后来刘大中和叶孔嘉对刘大钧的调查做了进一步修订，调查对象更加广泛，包含了东

① 巫宝三：中国国民所得（一九三三年）［M］. 上海：中华书局，1947.

北四省的工厂，对于棉纱、棉布、水泥、生铁和钢采用了其他来源的数据，这就使得其统计的总数非常高，1933 年的总产值为 2645400000 元，雇佣工人 1075800 名。①

总的来讲，中国经济统计研究所主持的工业调查是中华民国第一次也是唯一一次完整的工业调查，调查的专业性历来备受好评，为当时的国防建设以及后来的民国经济史研究提供了较为完整和准确的数据，其调查成果也成为现在研究民国时期经济的重要参考资料。

第三节 国防设计委员会地方性调查模式探究——以句容县人口农业总调查为例

句容县人口农业总调查是 1933 年国防设计委员会联合句容县政府开展的调查。此次调查在组织程序、调查统计方法等方面颇有贡献，堪称小规模调查的典范。本节意在通过探讨此次调查的背景、实践、方法以及其存在的问题等，全面分析其在中国近代调查史中的应用地位。

一、调查背景

此次调查有着特殊的政治背景和学术背景。当时，日本陆续发动了“九一八”事变和“一·二八”事变。面对这种严峻的形势，国民政府加紧备战，国防设计委员会就是这样一个国防备战机构，句容县人口农业总调查则是其国防调查战略的一部分。

所谓学术背景是由于当时中国农村经济日益凋敝，“乡村建

① 费正清，费维恺. 剑桥中华民国史（1912—1949 年）：上卷［M］. 刘敬坤，等译. 北京：中国社会科学出版社，1994：54.

设”“复兴农村”等呼声不断，社会各界纷纷尝试通过改良的方式来救济农村，所以区域性的小范围调查在全国各地风靡一时。具体做法是选择一个较小的地域范围，借鉴国内外最新的科学精密的调查方法，以充足的人力财力作支撑，实施相对“密集型”“规划化”的调查研究，以此作为日后科学的全国性调查的实验。这种调查所得结果可信度较高，较之西方调查毫不逊色。对于这种小范围调查兴起的原因，李景汉曾经精辟地指出：“近年以来，谁也感觉到中国全国人口需要一次同时普遍的清查，也已经有许多人拟具了实施的计划。……但因种种窒碍，一一迁延至今，未能实现。无论如何，全国大规模的人口总调查，迟早要举行，是可断言的。吾人正好趁其尚未正式举行之前，关于调查技术方法，缜密研究，并作小规模的实验，以期根据经验得失，获得具体办法。如此不办全国普查则已，一办即可得到满意的结果。”①

句容县人口农业总调查正是在这种趋势下进行的。此次调查带有试验的性质，属于抽样调查的一种。国防设计委员会旨在通过对句容县的调查总结人口农业调查的经验和统计的方法，以便推行到全国，为全国性人口农业调查设计一种可以借鉴的“现代化”调查方法，从而为解决国防粮食问题做准备。关于调查的缘起，《试办句容县人口农业总调查报告》中有明确的说明：“我们这次的调查，所注重者是试验方法，而并非注重句容一县统计之本身。此次刊布这种报告的用意，就是希望专家及熟悉地方情形的人士，对于方法方面，应当如何改良及如何可以推行，切实指教。……本会职司国防设计，对于各地人口分布及粮食产销之真相，不能不切实明了，若有正确统计，只须计算推测，可达到目的；我国向无此项统计，故欲明了真相，非举行大规模的普遍调

① 李景汉．从定县人口总调查所发见之人口调查技术问题［J］．社会科学，1937，2（3）：471．

查不可，……究竟调查方法如何决定，调查人员如何训练，调查经费如何筹措，这些问题非经过详细计划，实地试验，绝没有顺利解决的把握。……本会有鉴于此，特择定江苏句容县先做实验调查，在实验的时候希望能发现我们料想不到的困难，把这些困难参考各专家的意见，想出免除的方法，然后定一比较完善的办法，做全国普遍推行的参考。这种普遍调查推行之后，不但粮食产销及人口分布可以明了，即复兴农村的设施，发展工商交通等事业的计划，也有所根据，这是本会作此调查的缘起。”①

二、调查的方式方法探讨

（一）调查人员的选取与培训

调查人员的选取是影响调查成果的一个关键问题，历来备受调查者关注。在以往的人口调查中，调查任务主要由警察系统和乡村自治系统来承担，尽管从一定程度上保证了调查任务的顺利完成，但是因为“警察之户口调查，其目的甚为庞杂，其成效所及，则保有较为完善之户口册籍与户口统计资料，以之用于警察之稽查户口则有余，以之视为合法之户籍与人事登记及为翔实合理之户口统计资料者，则尚不能称其目的”②。而未设警察的乡村，“凡清查户口，由县清乡局长督率区、乡、镇、闾、邻长切实执行。是区、乡、镇、闾、邻长事实上既不能选出，所谓查户口即始终无切实执行之机关。……无如我国各县各乡现已久缺层级系统一贯到底之组织，是以各县每遇清查户口，非临时分派人

① 张心一，等. 试办句容县人口农业总调查报告［R］. 南京：参谋本部国防设计委员会，1934：1.

② 四川省选县户口普查委员会. 四川省选县户口普查方案［M］. 成都：四川省选县户口普查委员会，1942：2.

员赴乡办理，即发给表册委托各乡绅董照式填报，户数口数绝不正确”①。所以造成了人口调查数据的严重失实。

鉴于以往的经验，本次调查在调查人员的选择、培训方面下了很大的力气，较之以往更加注重规范化和系统化。

第一，在人员的选择方面非常慎重。本次调查共设置四类工作人员，包括指导员、监察员、调查员、调查表格整理统计员。在选择人员之前，国防设计委员会对于他们的任职资格规定了非常明确的标准，比如选取指导员的标准是：“一、对于调查统计全部工作曾有相当经验及训练。二、对于调查地域的地方情形有深切的认识。”② 最后拟定的人选有3名：技术指导员张心一③、行政指导员许耀卿（县长）、助理指导员陶桓棻。对于其他人员的要求则是人品好、熟悉当地情况、能识字。监察员选择的是各区区长和小学教员，总共30人左右；调查员选择的是各乡镇长及副乡镇长，还有各村村长，总共400人左右；统计员选择了能抄写并且精于珠算者共5人。

从人员的构成来看，指导员张心一为金陵大学农学院农业经济系教授，负责整个调查技术层面的工作；许耀卿为县长，负责调查的组织工作。他们在调查员的选择上着力于依靠经过一定专门训练的调查人员进行调查，选择教师以及区长镇长作为调查员，大大提高了调查结果的准确性。因为在调查的具体过程中，后者的准确率明显高于前者，这在当时已经被实践证明。云南环

① 闻钧天. 中国保甲制度［M］. 上海：商务印书馆，1935：548.

② 张心一，等. 试办句容县人口农业总调查报告［R］. 南京：参谋本部国防设计委员会，1934：3.

③ 张心一（1897—1992），原名张继忠，1922年毕业于北京清华学堂，之后赴美留学，1926年获美国康奈尔大学农学院农业经济学硕士学位，1926年回国后任金陵大学农学院农业经济系教授兼任农业推广系主任。1940年任甘肃省建设厅厅长。中华人民共和国成立后，继续从事农学事业。

湖市县户籍示范实施委员会曾对小学教员和保长进行过文化和常识方面的测验，结果发现，前者平均得分 64.9 分，后者只有 31.7 分。① 究其原因，主要是："保甲制度着重于个人财政上负担能力的人，所以一般穷人和依赖他人生活的人，常不包括计算在内之列。警察局主要是调查一个地方暂时一出一进的人口，以维持地方上对治安有关的事情，这两个机构的目的并不是在一个特定时期内要查明其总人口数的。"②"（调查）向来借重乡保长，但乡保长的地方公事太忙，且大多数不识字，对调查确难胜任。"③

第二，非常注重调查人员的培训问题。为了降低培训的难度，使调查人员提前了解相关的工作内容及明确自身的责任，培训人员特地拟定了详细的《调查人员须知》，对于调查表中每一个问题的填表方式都进行了明确的说明，以方便调查人员的工作，并且连续举办了三次培训，集中讲解调查中应注意的情况并对问题进行解答。除此以外，培训人员还让调查员根据自己家庭的实际情况进行试填表格，不正确之处由培训人员当场纠正，使调查人员快速掌握了调查的技巧。对调查人员进行专业化培训，不仅能够帮助调查者更好地理解填写调查表的注意事项，而且也有助于其明了调查的方法。

第三，采取了一定的奖励和惩罚措施。为了彰显此次调查的重要性以及调动调查人员的积极性，县政府给每位调查人员都颁发了一张加盖县政府印和县长印的委任状，并且通过各种方式提

---

① 云南环湖市县户籍示范实施委员会．云南省户籍示范工作报告［R］．昆明：国立清华大学国情普查研究所，1944：25.

② 陈达．现代中国人口［M］．天津：天津人民出版社，1981：16.

③ 国立清华大学国情普查研究所．云南呈贡县人口普查初步报告［R］．昆明：国立清华大学国情普查研究所，1940：7.

高调查人员的地位，例如他们可以与县政府直接行文，不需经过区公所转达。县政府还制定了奖惩规则，对于遵从命令、成绩优异的颁发奖状；对于违抗命令的给予罚款，调查员处以50元以下的罚金，监察员处以100元以下的罚金。后来事实证明，奖惩规则的实施产生了较好的效果。

（二）注重规范调查程序和调查方法

1．注重调查程序的规范性和严密性

重视调查之前的准备工作。张心一等人通过制订详细的调查计划对各项工作进行统筹规划，为保证调查的顺利实施奠定了坚实的基础。除了选择调查人员，张心一等人还根据人口数量划分了调查区域。调查区域的划分，以“每调查员大致担任二百户”为原则，对户数不详的村落，“只好依着距离的远近，村落的多少，将村落平均分配为许多调查区”①。当时句容县全县人口279455人，其中农业人口有75423人，县政府将全县9个自治区划分为51个监察区，每个区设监察员一人，将144个乡镇分成了321个调查区，每个监察区下的调查区，数量不等。与此同时，宣传活动大张旗鼓地进行起来，宣传形式多样，主要有张贴标语、散发传单、组织宣传队公开演讲等。这项工作主要由县政府负责，县政府首先张贴了大号布告来宣传这次调查的意义和方法，然后委派人员带着文字材料下乡宣传，再由教育局通令全县各级小学，就地对民众宣传，最后全体调查员监察员训练完毕后，再回乡进行一天的口头宣传。经过事后的调查证实，监察员的口头宣传效果最好。根据此次宣传工作得出经验：最好请在民众中有一定威信的人来做口头的宣传，最合适的人选是学校的教员、学生及乡里有声望的长老。在方法上，最为可取的是把全村

① 张心一，等．试办句容县人口农业总调查报告［R］．南京：参谋本部国防设计委员会，1934：31.

的人召集在一起，由宣传员进行演讲，但此方式不易操作，最容易的方法是私人间的谈话，通过人们之间互相传递来达到宣传的目的。

重视调查过程的规范性。调查过程分为调查、审查、抽查、巡察、收表等几道程序。“在调查的时候，调查员把指定区域范围内的村落挨户查问，每问完一户便在该户门口贴一‘查讫’单，以免重查或遗漏。……每日调查完的表，自己审查过后，即送到监察员的家里，请他审查，不对的即刻发还改正。”① “在调查进行的时候，为督促调查员认真工作起见，我们请监察员随时在他的监察区域，按照已经‘查讫’的人家随意重行调查几家……，“在第三次训练结束后，我们就派一个人先就第一次训练过的各区巡察，一方面召集监察员及调查员谈话，并审查他们认为填好的表格；另一方面巡查员自己随意按照已经‘查讫’的人家抽查。”②

调查的程序相当周密，既有调查前的准备工作和调查进行中的抽查工作，也有调查之后的复查工作。具体的调查工作井然有序，规范有加，很大程度上保证了调查数据的准确性。

2. 注重调查方法的创新

民国初期的人口调查基本上采用间接调查法，也叫住户填报方法，即“事先发放调查表—按期收回—调查员在收表时核对”的间接调查过程，其调查数据的准确性受到多种因素的影响，因此可信度值得商榷。中国当时的实际情况是“文盲尚甚普遍，不能自填报告，即连通晓文字而能胜任之调查员亦不可多得”③，所

---

① 张心一，等．试办句容县人口农业总调查报告［R］．南京：参谋本部国防设计委员会，1934：44.

② 张心一，等．试办句容县人口农业总调查报告［R］．南京：参谋本部国防设计委员会，1934：45.

③ 李景汉．从定县人口总调查所发见之人口调查技术问题［J］．社会科学，1937，2（3）：528.

以此种调查法存在着很大的弊端。鉴于此，此次调查采取了直接调查法，也叫调查员代填法，即由调查员自行询问填表、事后由专业人士进行复查。具体方法如下："在调查的时候，由调查员在指定区域内的村落挨户查问，问完一户，即在该户门口贴一'查讫'单，以免重复或遗漏。每日调查完的表，经调查员自行审编后即送交监察员审查、改正。在调查的过程中，组织监察员抽查，并且由调查组织者亲自赴各区巡查，即在已经'查讫'的各户中随便抽查几家，以此检验调查员和监察员的工作，随时奖励或纠正。"①

总的来讲，在当时的中国农村，间接调查法的实施空间并不大，"我国民智未启，乡村人口之能填报者甚鲜，此项方法，不足采用也"，所以采用间接调查法得到的数据的准确性值得商榷。直接调查法的使用，降低了对调查对象的要求，"人民之智识程度，不成严重之问题"，但是给调查人员的选择带来了一定的困难，一方面要求调查员有较高的素养，"调查员必慎重选择，不仅应知填表之方法，调查时之态度和蔼与询问得法尤为切要者"；另一方面还要求调查人员有相当的数量，"调查一瞬间为准之人口各项情形，必须无数之调查员同时执行调查工作"②。只有这样才能在调查中得到更为准确的数据。调查员的素养经过努力在一定时间内是能够达到要求的，但是在短时间内提高居民的文化水平几乎是不可能的，所以两者相比较而言，直接调查法更为适宜。

（三）调查内容及数据处理方法的发展

从调查内容的角度讲，通过比较精简而专注的调查项目的设

① 张心一，等．试办句容县人口农业总调查报告［R］．南京：参谋本部国防设计委员会，1934：44—45.

② 陈华寅．人口调查方法［J］．统计月报，1934（15）：16.

置获取了最大的信息。从事调查的目的就是尽可能详尽而准确地获得相关的信息，所以确定调查事项，对调查结果的准确性有着很大的影响。调查表的制定，是一个技术含量非常高的工作，并非调查项目越繁多复杂，所得到的信息量就越大，有时甚至会起到相反的效果，比如曾有学者就早期调查中的调查项目冗杂的问题提出过异议："厘定表格时应斟酌所期结果与调查进行之利便，而规定项目之多寡。……良以项目过繁，则不但调查时发生阻碍，而整理时又多费时日。"① 所以李景汉指出："调查所包括的项目要力求简单，无须把欧美现代国家所已有的项目都列进去，装饰门面。如果这样，结果将要都办不好。……与其项目多调查不精确，不如项目少而力求办到精确，因为项目少较易办到完备的程度。"② 因此在调查逐渐发展成熟的过程中，人们慢慢摒弃了那些对于调查产生负面作用的项目。此次调查对于调查项目进行了精心的设置，共分为五种表格，分别是：人口调查表、农场调查表、农场调查副表、农村社会经济概况调查表及公共场所人口调查表。五种表格的调查事项主要包括以下几类：

人口调查表：包括人数、性别、年龄、婚姻、职业、教育程度等13个问题；

农场调查表：包括去年耕用的面积、作物、蚕桑、果实产量、家畜及家禽数量，共76个问题；

农场调查副表：包括作物收获量、果实收获量、家禽生蛋数、水田与旱地合标准丈量数、计斛合斤数、铜元重量，共42个问题；

农村社会经济概况调查表：包括农佃、农民借贷、农工工资、田赋及附捐、粮食运输、荒地，共45个问题。

---

① 陈华寅. 人口调查方法［J］. 统计月报，1934（15）：15.

② 李景汉. 社会调查与社会计划［J］. 时代精神，1941，3（4）：59.

四种调查表共包括176个问题。

公共场所人口调查表：包括本场所长期居住人口、长期居住在外有家者、长期居住在外无家可归者。①

从以上所列的调查项目来看，人口调查表共13个问题，可谓精确简单。农场调查表总共76个问题，调查项目稍微多一些，因为农业牵扯到的方面比较多，所以问题也就比较多。本次调查采用的具体方法是挨户清查和按村估计相结合，其中的人口调查表和农场调查表均是挨户清查，农场调查副表和农村经济社会概况表则是按村估计。需要指出的是，调查项目的精简并不意味着调查本身获取信息能力的缩小，如果处理得当，一定程度上能够促进调查资料的精确化。

此次调查在数据处理方法方面贡献甚大。数据处理方法通常是指调查之后的统计阶段，这一阶段对于调查结果的形成至关重要。当时比较流行的调查数据统计整理方法是划记法，也称记号法，即根据原始资料划记归类的统计方法。② 主要方式是统计员一人将调查表内项目逐一读出，另一统计员按所读者在统计表内各栏分别记下，然后数清各栏所记者编成统计数字。③ 但是该法的可靠性不高，尤其是在处理大规模的调查资料时。此次调查在统计方法上实现了一个新的突破，采用了卡片法。所谓卡片法，也称条纸法，即将调查项目归类编号，在卡片上分类录入数据，再根据原始资料卡片分类的统计方法。④具体的做法是：第一步将

---

① 张心一，等．试办句容县人口农业总调查报告［R］．南京：参谋本部国防设计委员会，1934：5—8.

②④ 王大任．近代中国人口调查的现代化过程与方法论演进［M］//黄兴涛，夏明方．清末民国社会调查与现代社会科学的兴起．福州：福建教育出版社，2008：186.

③ 云南环湖市县户籍示范实施委员会．云南省户籍示范工作报告［R］．昆明：国立清华大学国情普查研究所，1944：29.

收回的调查表进行核对；第二步抄写卡片，每张卡片仅限于记载一人的资料；第三步进行校对；第四步分析调查资料。农场调查表稍微复杂了一些，首先要审查调查表的错误，然后将数据抄写在卡片和区计表上，核对卡片、农场表和区计表，将当地度量衡折成标准单位，然后进行分析。①

“与划记法相比，虽然对于统计所需人员及时间、统计经费相差不大，但对于准确性则显然提高，因统计过程中的错误容易发现并校正。”② 卡片法的使用表明了我国调查数据统计方法的水平提高到了一个新阶段。

三、调查过程中存在的问题

第一，在当时中国的社会背景下，多数地区民智未开，对于调查怀有猜疑和抵触情绪，使得调查工作举步维艰，此次调查也不例外。在调查过程中，许多被调查者在回答问题时含糊其辞；更有甚者，知悉调查人员要去，男人全都离开，只留妇女在家，问话时推诿说不知道；还有的被调查者第一次还能应付，第二次便不肯回答问题。

造成这种现象的原因是人们对于政府调查通常存有戒心而不愿意提供真实的数据。被调查者对于调查用意往往持怀疑态度，不肯说真话，增加了调查员的工作量。另外，在调查过程中，谣言四起，这也极大地影响了调查工作的顺利开展，例如在句容县北墅镇就有人散布谣言说这次调查是要和某国打仗，调查鸡鸭等

---

① 张心一，等．试办句容县人口农业总调查报告［R］．南京：参谋本部国防设计委员会，1934：68.

② 云南环湖市县户籍示范实施委员会．云南省户籍示范工作报告［R］．昆明：国立清华大学国情普查研究所，1944：29.

是要用来筹备慰问前线的犒劳品，如此一来搞得人人自危，惶恐不安。几千年来与官僚打交道的经验使得民众防备心理甚严，他们往往不肯相信县长的告示和宣传，对于谣言却深信不疑。

第二，关于调查员自身的素养问题，即调查员工作的技巧、态度以及其在乡间的威望等。有少数调查员自身对于调查表的内容一知半解，或者提问时毫无技巧可言，因此难以得到正确的结果。在调查过程中，有的调查员为完成任务捏造事实，有些监察员工作敷衍，最普遍的问题是每天不按时准确细致地审核调查表，以致不能及时修正调查员的错误。这些因素均影响了调查工作的顺利进行。

第三，在调查时间的选择上存在着一定的瑕疵。筹备及调查时间是从 1933 年 12 月 15 日到 1934 年 3 月 6 日，其时正好是寒冬与初春，气温较低，从一定程度上影响了培训、调查的顺利进行，因此在选取调查时间的问题上，没有充分考虑地方气候等实际特点。

四、调查的影响

句容县调查被公认为是小规模调查的典范，在调查的方法设计以及统计手段上均深受好评。很多地方调查将此次调查作为榜样。清华大学国情普查研究所在组织云南呈贡县调查时就借鉴了句容县调查的经验。校长梅贻琦提出，进行调查最有效的办法是政府与学术机关合作，前者负行政及推动的责任，后者负经济及技术的责任。他将句容县与国防设计委员会的合作视为典范。句容县调查率先运用了卡片统计法，在统计方法上具有划时代的意义。受其影响，云南呈贡县调查也运用了卡片法。

调查成果自问世以来备受好评，其后多种著作中竞相引用其调查资料。调查组成员根据后来复查的结果以及对调查数据本身的分析，曾经对此次调查的准确性做出过评估，认为最重要的统计大约有90%正确，以此作为行政计划和经济建设的根据已然绰绰有余。① 关于人口数量，他们认为此次调查的结果比较可靠，句容县的实际人口要比调查的结果多，但不会超过5%。② 关于熟地面积，他们认为调查所得数据偏小，估计偏小15%左右，后来又组织工作人员仔细复查了400余家，发现仅偏小9%。③ 这说明调查组本身对于此次调查的结果非常自信。后来陆续有学者引用此次调查资料并对其做出了中肯的评价。华彬清认为："国防设计委员会为明了各地人口分布及粮食产销之真相，于1933年1月在句容县试办人口农业调查。该书保存了我国近代早期全县性完整的人口调查资料。"④《句容县志》在记录句容县民国时期的人口农业状况时，更是将此次调查作为资料的主要来源。"为切实掌握人口与粮食产销状况，复兴农业，发展工商、交通事业，由国防设计委员会和县政府试办句容县人口农业总调查，这次调查为句容人口状况提供了资料。"⑤ "解放前，县内农民贫困。1934年《试办句容县人口农业总调查报告》载：全县借债农户占77.5%，借粮农户占66.7%。"⑥《句容县志》在论述到作物布局与产量时，引用了《句容县秋冬播种、春夏收获之作物面积产量

---

① 张心一，等. 试办句容县人口农业总调查报告［R］. 南京：参谋本部国防设计委员会，1934：193.

② 张心一，等. 试办句容县人口农业总调查报告［R］. 南京：参谋本部国防设计委员会，1934：173.

③ 张心一，等. 试办句容县人口农业总调查报告［R］. 南京：参谋本部国防设计委员会，1934：179.

④ 华彬清. 南京社会科学志：上册［M］. 北京：方志出版社，1998：403.

⑤ 句容县地方志编纂委员会. 句容县志［M］. 南京：江苏人民出版社，1994：127.

⑥ 句容县地方志编纂委员会. 句容县志［M］. 南京：江苏人民出版社，1994：169.

表》《句容县春夏播种、秋冬收获之作物面积产量表》①。

尽管句容县调查带有试验的性质，但是小规模调查和全国调查在具体操作层面上存在着较大的差异，由于中国当时缺乏良好的社会文化基础及足够数量的调查人员，小规模调查的经验未完全得以推广。对此，李景汉曾有过论述："全国人口调查之需要在今日虽如此急切，但以目下国情而论，普遍调查之举行，恐尚非其时。若勉强实施，恐亦徒耗若干人力与财力。盖目下全国虽告统一，而关于政治之修明，法令之普遍，苛捐杂税之免除，土匪之肃清，不良军队之裁汰等事，即令进步迅速，均须相当之时日。我国地广人众，调查费用所需甚巨，而国库未充，抽款不易，加以交通阻塞，乡村尤甚，调查甚感不便；文盲尚甚普遍，不能自填报告，即连通晓文字之调查员亦不可多得。此外困难问题，尚不止此。故以今日而言，普查时机尚未成熟。与其勉强举行，徒劳无功，不如稍待时日，尽量从事充分之准备。"② 所以南京国民政府在开展大规模调查时，只能有选择地借鉴地方调查的经验，采用一种模糊的做法，即将决策权下放到具体实施调查的地方机构中去，使其结合地方实际情况开展调查。

① 句容县地方志编纂委员会. 句容县志［M］. 南京：江苏人民出版社，1994：188.
② 李景汉. 从定县人口总调查所发见之人口调查技术问题［J］. 社会科学，1937，2（3）：528.

第三章　地质调查所地质调查活动

地质调查所作为中国近代科学史上一个重要的科研机构，多年来深受学界关注，其所取得的成就早在民国时期就令世人称道。地质学家们筚路蓝缕开创的中国地质事业，不仅使中国在国际地质学界声名鹊起，而且促进了中国工矿企业的发展。

地质调查所之所以取得较大成就，得益于地质学家们长期艰苦卓绝的地质调查。地质调查是进行地质研究最主要的手段，没有它就不可能取得科学研究成果，所以地质调查与地质调查所是相伴而生的。地质调查所的创始人章鸿钊、丁文江、翁文灏均对地质调查倾爱有加，尤其是丁文江，一生酷爱调查，曾多次披荆斩棘，奔赴偏远地区开展调查。在他们的规划和组织下，地质调查所在地质调查方面投入了大量的人力物力财力，先后组织了几百次地质调查。本章对其进行全面考察，意在描述、分析其动态的发展变化过程，总结其基本特点，并阐述其领导者与南京国民政府之关系。

第一节　地质调查所地质调查总体状况

一、地质调查的基本特点

地质调查所开展的地质调查数量繁多，虽然学科特点各异，但是从整体上考察，它们又呈现出一定的共同特征，这些共同特征值得我们进一步探讨。

（一）地质调查的兴起源自于社会的需求

科学的发展自古以来就与社会的需求密不可分，社会的需求催生了新的科学的产生，同时社会各个方面会竭力创造条件促进新科学的发展。

1. 近代工业发展的需求

中国近代工业的发展催生了中国地质调查的产生。当中国现代化进程在帝国主义列强的侵略下开始被迫启动时，一些国外学者就已经开始在中国展开地质调查，如李希霍芬等人。他们的调查成果吸引了很多外国人的目光，于是中国的矿产资源成为他们觊觎的对象。随着洋务运动的风生水起，中国的近代工业逐渐形成了一定的规模，军事工业和民用工业对于煤、铁等矿产资源的需求迅速增加。矿产资源的开发离不开地质调查，在这种情况下，以地质调查为主要手段的地质学等地球科学引起了社会各界的普遍关注，地质调查巨大的应用性价值也使其成为当时亟待发展的科学之一。中国地质学先驱章鸿钊曾多次强调地质调查的重要性，并提出了中国地质调查计划，其中第一条就是成立地质调查所。在这种背景之下，中国成立自己独立的地质调查所已是大势所趋。

地质调查所成立后，始终将矿产调查放在非常重要的地位，这和当时中国工业发展的迫切需要是密不可分的。在国家处于贫弱状态的年代，学者一般都会“择此事业中获利最厚者而先治之”。中国当时处于现代化进程中的起步阶段，所以尽管就科学研究来讲，地质调查意义重大，但是“中国的地质调查事业，始终没有离开一个实利政策，所有地质报告，大多数总附矿产一章，此外关于矿产和矿业的专著也附不少”。①

政府部门对于地质调查的重视，同样也是源于其对于经济发展的重要作用。实业部就曾经提出：“我国向以矿产丰富著闻于世，惜实地情形多未详悉，自应首借地质调查之力，以明分布概状及质量底蕴，而后开发计划始能确定标准，此关于一般矿藏有首先调查之必要也。至于已发现之矿产，实多未能举办，自应分别规划，或划归国营，或指导民营，务尽分途发展之力，始符利用厚生之旨。”②

事实证明，地质调查所成立之后，很多社会机构曾来函请求帮助，在地质调查所的档案中就保存有此类信函，其中既有南京国民政府各个机构的，比如铁道部函请帮助调查铁路沿线地质矿产情况，铁路的规划和建设与沿线的矿产关系密切，所以铁路当局经常邀请或者赞助地质调查所调查沿线地质、地形及矿产，这也解释了为什么地质调查区域大多在铁路沿线附近的问题；农林部委托进行土壤调查研究；还有军队的，比如海军总司令部请求派员调查西沙群岛的土壤、鸟粪；也有地方各煤矿公司请求协助解决生产中遇到的问题，比如山东中兴煤矿公司发生事故时，就曾经请丁文江前去协助解决，甚至一些煤矿公司发生地界纠纷，

---

① 章鸿钊. 中国地质学发展小史［M］. 上海：商务印书馆，1937：43.

② 秦孝仪. 革命文献（第75辑）：抗战前国家建设史料——实业方面［M］. 台北："中央"文物供应社，1987：115.

也请地质调查所协助勘测。①

抗日战争开始时，沿海工厂刚撤到武汉，就发生了煤荒问题，因为武汉用煤多靠山东、安徽等地供应，但是前方战事紧张，供应难以为继，所以急需在后方寻找新的能源。而钢铁等重工业的发展离不开矿业开发，只有经过地质调查才能进行矿业开发。当时政府主管部门催问各地矿产情形，要求提供地质矿产报告，或各地催请前往调查或协助工作的信函雪片似的不断向地质调查所飞来，令地质调查所应接不暇。

由此可见，地质调查所开展的地质调查有着巨大的社会需求，这也成为地质调查蓬勃发展的动力。

2. 战争的影响

中国的地质调查事业诞生于军阀混战的政治环境下，日本侵华又破坏了其日渐繁荣的局面，可以说战争是影响中国近代地质调查事业发展的最重要因素之一。客观地讲，由于外部环境的恶劣，中国的地质调查事业始终没有得到强有力的支持。特别是由于战争的影响，地质调查遭受强大的阻力，大规模的资源调查和对全国地质的统一勘测几乎是不可能的，这从一定程度上制约了地质调查事业的发展。

第一，战争对于地质调查发展的方向产生了一定的影响。

理论与应用孰轻孰重历来是地质学界争论的一个问题，尽管从学术上讲理论与应用应当齐头并进，等量齐观，但事实上不然。章鸿钊先生在《中华地质调查私议》一文中就将地质调查的用途分为学理和实用两个方面，认为要“亟趋实利，以免于首事之困”②。由此可见，章先生是最先提倡地质应用的人。在章鸿钊

---

① 张九辰. 地质学与民国社会：1916—1950［M］. 济南：山东教育出版社，2005：10.

② 章鸿钊. 中华地质调查私议［J］. 地学杂志，1912，3（3/4）：14.

的影响下，地质调查在中国诞生伊始就比较注重应用，后来尽管开始重视理论研究，也取得了很大的成就，尤其是在古生物学方面，成绩斐然，享誉国际，但是战争中断了研究进程，使得地质调查重新回归到应用上，这也符合谢家荣所说的“当经济恐慌、物资匮乏的时候，为斟酌缓急、权衡先后起见，好像应用问题，总要多被重视一些”①。抗战期间，“我朝野人士莫不努力于建国抗战工作，因而各方之研究，咸以力求实用为最高鹄的”②。

鉴于此，地质调查所对调查工作进行了一定调整，“在此非常时期，应酌量集中工作于应用方面”，“对于目前急需开发之矿产，注重实际需要之条件，从速详确调查，编成图说”，在调查报告的编辑方面，不再要求完备，“自应将关于矿产部份（分）之地质以及矿床质量提先拟纂，俾利参阅”。③

第二，战争影响了中国地质调查区域。

抗日战争之前，由于中国的现代工业基本上集中在东部沿海地区，而且东部区域社会治安相对安定，加之地质调查所所在地在北平，所以地质调查区域多半在华北和东北各省。尽管由于丁文江的重视，西南地区也成为地质调查所的重点调查区域，但是西部其他地区的资源状况却是地质调查的盲区，战争改变了这种调查区域分布状况。抗日战争开始后，地质调查所迁往重庆北碚，此处遂成为国内矿产资源调查研究的中心。由于战争的影响，调查区域不均衡的现象凸显。通过上面的分析可以看出，地质调查几乎局限于西南、西北等地。地质调查所在条件艰苦且空袭不断的情况下完成了一些地质调查工作，主要包括对于四川威

① 谢家荣．我国经济地质界的新动向［J］．地质论评，1947，12（1/2）：152.

② 杨钟健．抗战以来脊椎动物化石新地点之发现及其在地层上与古生物上之意义［J］．地质论评，1940，5（1/2）：29.

③ 翁文灏．翁文灏告地质调查所同人书［J］．地质论评，1937，2（6）：589.

远油矿、自流井盐矿、天府煤矿、綦江铁矿，云南东川铜矿，江西大余钨矿，甘肃玉门油田等调查。其他地方的地质调查屈指可数，不仅调查规模小、而且缺乏系统性，这种不均衡很大程度上制约了中国地质调查事业的发展。

值得一提的是，1942 年地质调查所在兰州成立了西北地质矿产调查队。该队成立之后，即与甘肃省建设厅合作，在甘肃省内开展了地质矿产资源的调查工作。次年，在地质调查队的基础上成立了地质调查所西北分所，由王曰伦担任所长。该所成立之后，相继开展了陕西、甘肃、青海、宁夏诸省的地质矿产资源调查工作，比较有规模的调查工作主要有 18 项，分别如下：

表 3-1 地质调查所西北分所主要地质调查活动表

调查人	调查对象
路兆治、陈梦熊	甘肃靖远、景泰一带地质矿产
李树勋	甘肃西和、礼县一带地质矿产
郭宗山	甘肃永昌、民乐一带地质矿产
毕庆昌、何春荪	陕西宜君、耀县一带地质矿产
陈梦熊	甘肃定西、陇西一带地质矿产
徐铁良、李树勋	甘肃武威一带地质矿产
何春荪、张尔道	陕西白水、宜君、耀县一带煤矿
梁文郁、刘乃隆、刘增乾	甘肃兰州白银厂铜矿
黄劭显、杜恒俭	宁夏小松山铬铁矿
宋叔和、卢振兴	甘肃兰州白银厂铜矿
王曰伦、胡敏、乔作栻、张尔道	甘肃兰州阿干镇煤矿
毕庆昌、胡敏、乔作栻	六盘山地质构造

续表

调查人	调查对象
王曰伦、黄劭显、李树勋、陈梦熊、刘增乾	祁连山地质矿产
徐铁良、乔作栻	甘肃南部、陕西南部、四川北部地质矿产
刘增乾、张尔道、刘乃隆、乔作栻	祁连山、合黎山地质矿产
黄劭显、乔作栻	甘肃成县银洞湾重晶石矿区地形地质
乔作栻、靳毓贵、王瑗	甘肃成县银洞湾重晶石矿
王曰伦、乔作栻、靳毓贵、王瑗	青海东北部地质矿产

该所学术氛围浓厚，经常召开野外调查工作成果报告会，即使在1949年国民政府濒临崩溃、时局动乱的环境下，全体人员仍“全力编制历年地质调查成果，组织业务和俄文学习等，同时经常用自制之简单体育器械，举行文娱运动，锻炼身体，直至解放”①。该所经过8年的地质调查，初步探明了西北的地质概况，尤其是确认了白银厂铜矿具有较大的开采前景，为中华人民共和国成立后进行正式勘探奠定了基础。

第三，战争影响了地质学者们的生活。

抗日战争时期，大后方经济动荡、物资匮乏，地质学者们“饱尝颠沛流离的苦头”②。这种艰苦的生活严重影响了地质工作者正常的生活，很多学者在艰苦忍耐中等待抗战的胜利。1944

① 乔作栻．前地质调查所西北分所的创业精神［M］//程裕淇，陈梦熊．前地质调查所（1916—1950）的历史回顾——历史评述与主要贡献．北京：地质出版社，1996：63—64.

② 尹赞勋．往事漫忆［M］．北京：海洋出版社，1988：37.

年，李春昱在致谢家荣的信中抱怨："重庆物价近日猛涨甚速，猪肉已每斤九十元矣。不惟工作不易推动，即同人生活不易维持矣。为之奈何。"① 即使如此，李春昱仍然难以渡过难关，被迫出售心爱的专业外文书籍，知者无不感叹"斯文扫地矣"。② 尹赞勋也"借赴渝之便，交拍卖行寄售美制英文打字机、皮大衣等换钱买米。值钱的书八大箱都丢在南京"③，但依然由于"物价飞涨，生活越来越困难，日常以劣质大米充饥"④，以致胃病加剧。由此可见，战争使得学者们的物质生活受到了极大的影响，在食不果腹的情况之下，很难再全身心投入到地质调查中去。学者尚且如此，技工的命运就更加悲惨了，珍珠港事件之后，北平新生代研究室解散，技工唐亮无处可去，竟然饿死在北平街头。⑤

除了物质生活匮乏之外，战争还给学者们带来了极大的心灵创伤。长城抗战失败后，北平岌岌可危，地质学家们"在此不啻处于炮火前线，精神上激刺甚深，无法安心工作"⑥。随后地质调查所陆续迁往南京、长沙，最终迁至重庆北碚。抗战开始后，地质调查所北平分所的工作人员尽管仍然坚持上班，但"说是上班，其实大家也无心干活。每天大家都谈论战事，一有飞机飞过就跑出去看，看到的多是带着膏药旗的日本飞机，只得啐口唾沫，哀（唉）声叹气地回到办公室"⑦。由于不能从事正常的学术研究，学者们的情绪受到了极大的影响，该所的裴文中在"敌人占领下的北平没有什么事可干，感到事业渺茫，心烦意乱"，"经常发脾

① 中国第二历史档案馆．李春昱致谢家荣函（1944 年 4 月 27 日）［A］．全宗号：375，案卷号：479.

②③④ 尹赞勋．往事漫忆［M］．北京：海洋出版社，1988：44.

⑤ 杨钟健．杨钟健回忆录［M］．北京：地质出版社，1983：88.

⑥ 中国第二历史档案馆．翁文灏致钱昌照函（1933 年 4 月 19 日）［A］．全宗号：28，案卷号：18733.

⑦ 贾兰坡．悠长的岁月［M］．长沙：湖南少年儿童出版社，1997：93.

气，有时他发起脾气来，使人莫名其妙”。① 在残酷的战争环境下，国人的精神状态应当说是复杂的，既有愤怒，又有哀愁，很难全身心地投入到工作中。

第四，战争导致地质调查及其成果发表经费短缺。

抗战期间经费普遍紧张，导致野外调查难以为继，“一切工作可以说在奋斗中进行。野外工作能以维持许久，真难预卜也”②。除此之外，很多地质调查成果不能及时发表。地质调查所西北分所在抗战期间曾对西北地区进行了广泛的地质调查，完成了大量的地质填图工作，但由于经费困难，这些地图均未出版。1942 年夏，浙江大学教授任美锷鉴带领 4 位助教和研究生，对贵州遵义附近地区的土地利用情况进行了详细的调查，完成了调查报告，并绘制了土地利用图，但是他们的调查成果却因“印刷困难，暂难问世”③，直到 1944 年，《真理杂志》上才刊登了他们的调查报告。④ 此次调查，总共花费 8000 余元，但当调查完成时，却因经费困难，调查成果不能及时出版，不禁令人扼腕叹息。

除了调查成果难以发表外，对于已发表调查成果的利用也比较滞后，许多应用性的调查成果成为废纸一张。频繁的战争使中国的经济基础非常薄弱，没有一个统一而稳定的政治环境，经济建设的各项计划是无法实施的，“解放以前，学术考察报告徒属画饼充饥，成为空谈”⑤。

---

① 贾兰坡. 悠长的岁月 [M]. 长沙：湖南少年儿童出版社，1997：100—101.
② 中国第二历史档案馆. 李春昱致朱夏函（1944 年 4 月 22 日） [A]. 全宗号：375，案卷号：479.
③ 任美锷. 举办全国土地利用调查刍议 [J]. 新经济半月刊，1943，9 (9)：172.
④ 任美锷. 贵州遵义附近之土地利用 [J]. 真理杂志，1944 (1)：127—136.
⑤ 严德一. 三十年代西双版纳的地理考察 [J]. 中国科技史料，1981 (4)：77.

（二）地质调查所创始人、领导者对于地质调查计划影响巨大

中国近代地质调查事业可用八个字来形容，那就是“艰难困苦，玉汝以成”。在近代中国恶劣的环境中，靠的是中国第一代地质学者艰苦创业，地质调查事业方能由一棵小苗成长为参天大树。在地质调查所内创始人、领导者一直有着崇高的威望，他们以不同的方式影响着地质调查所，甚至是整个中国地质学界，具体表现在：该所的地质调查计划是由他们制订的，所以地质调查的区域和方向，或多或少地反映了他们的学术取向。

章鸿钊是中国地质调查事业的开山鼻祖，具有深厚的学术素养。地质学界的两件大事“一是创立地质的始基，一是训练地质的人才，都是章鸿钊先生所倡办的”①。1910—1911 年，他连续在《地学杂志》上发表文章《世界各国之地质调查事业》，向中国介绍世界各国调查地质的组织沿革，供国内参考，并极力倡议在中国成立地质调查机构。为了呼吁中国社会重视地质调查，他陆续写成了《调查地质咨文》和《中华地质调查私议》两篇文章，第一篇文章由实业部下发到各省，向各省都督征调地质专门人才、地质参考品、各省地图、各省矿山区域图，意在通过此种方式使各省地方长官重视地质调查事业。第二篇文章于 1912 年在《地学杂志》上发表，共分为三部分：我国地质于世界中所占之地位、我国地质调查之时机、调查之计划，其中第三部分尤为重要。在该部分中章鸿钊“痛陈中国调查地质之重要，并建议调查着手之计划”。其计划主要有四句话：“专设调查所以为经营之基，树实利政策以免首事之困，兴专门学校以育人才，立测量计划以制舆图。”他还提出“着手之始，当先择交通便利或矿产丰

---

① 谢家荣. 我国经济地质界的新动向［J］. 地质论评，1947，12（1/2）：152.

富者定为先勘区域。北则燕、鲁、冀、豫，南则扬子江流域，其地质与矿产均关重要，由此以及于内地，更由此以及于满洲、蒙古、新疆、回、藏"①。这份计划是中国最早的地质调查计划，为中国的地质调查事业规划了蓝图，具有非常重要的意义。之所以首先选定华北地区和长江流域作为调查区域，是因为该地区交通便利、矿产丰富，而且南京一带是一个典型的地质构造区域，更为重要的是这一地区有已经完成的1∶20000地质图作为基础，"后来地质调查次第实行，虽和这个草案未必完全一致，大致还是相去不远"②。章鸿钊堪称中国地质调查事业的开创者。

丁文江作为地质调查所的第一任所长，毕生以徐霞客为楷模，酷爱地质调查。早在1911年从英国留学回来时，他未进家门就对云南、贵州进行了地质调查，后来又陆续对云南进行过两次大规模的调查。前已提及，云南社会治安状况差、交通非常不便，但是丁文江对于此地却情有独钟。在他的影响下，地质调查所也将包括云南在内的西南地区作为地质调查工作的重点，并且制订了调查西南全部地区的计划。所以说即使是在地质调查所成立早期，西南地区的调查数量并不少于沿海，而且从获得的成果来看，也是可圈可点的。抗战时期，地质调查所西迁，对于西南地区地质调查的重视更不必说。到20世纪30年代中期，地质调查所基本上完成了对云南地区地质状况的基础调查。西南地区地质调查成果的取得，与丁文江是分不开的。

翁文灏对地震和石油研究非常感兴趣，在其任所长期间，地质调查所组织了大量有关地震和石油的调查，关于这个问题在第二节有详细的解说，在此不再赘述。

地质调查所的第三任所长黄汲清也非常重视石油地质调查。

---

① 章鸿钊．中国地质学发展小史［M］．上海：商务印书馆，1937：14．
② 章鸿钊．中国地质学发展小史［M］．上海：商务印书馆，1937：16．

寻找石油和天然气是他梦寐以求的事情。抗战时期，国家对于石油的需要更加迫切，因此黄汲清格外重视石油调查工作，曾派熟稔石油调查的孙健初到资源委员会专门负责西北地区石油地质调查工作。另外，黄汲清本人也开始在四川境内进行石油和天然气的调查。1940 年之后，黄汲清辞去了所长一职，全身心投入到石油调查中，亲自组织并且参与了两次大规模的石油地质调查。第一次是 1941 年 8 月，与资源委员会四川油矿探勘处合作，赴四川威远进行石油地质调查，出发时是炎夏，回来时已是寒冬。第二次是 1942 年，黄汲清组织了新疆石油地质考察队，在天山南北进行了一年多的调查，调查队共同撰写了《新疆油田地质调查报告》。该报告中提出了两个重要的论点：一是“陆相生油论”，二是“多期多层生储油论”。

翁文灏、黄汲清等人领导的石油地质调查，不仅使得中国地质学者对于中国西北部地区的石油地质状况有了初步的了解，而且一定程度上解决了中国不能生产石油的问题，同时从学术上为石油地质理论研究奠定了基础。

概言之，地质调查所创始人和领导人的兴趣爱好对于地质调查计划、区域、方向影响甚大。

（三）注重理论发展以提升实地调查水准

从地质调查成果上分析，调查报告多为矿产地质、古生物等方面的。矿产资源的调查向来是地质调查的重点，地质调查所从成立之初，“一切计划，莫不以矿产之勘查，为重要之目的，换言之莫不以经济地质为基础也”①。当时多数的地质机关“每年派出的调查队，差不多多为矿产而去”②。客观地讲，矿产资源的调查与勘探是地质调查中应用价值最大的，也是社会需求最大

① 谢家荣. 近年来中国经济地质学之进步［J］. 地质论评，1936，1（1）：41.
② 谢家荣. 中国经济地质界的新动向［J］. 地质论评，1947，12（1/2）：152.

的。谢家荣曾经说过："（地质学）应用于矿业及其他事业者甚广。科学方在草创之中国，欲得当局之维护、国民之信仰，尤非借应用一途不为功，是无怪中国地质事业之肇始，纯从经济方面立足也。"① 由此可见，在当时经济落后、科学发展滞后的中国，科学事业的发展不能忽视社会的需求，因此该所的地质工作者对国家和社会表现出强烈的专业关怀。但同时带来的一个后果就是有时候过分注重社会需求，往往会偏离学术的理论研究，由此带来学科发展的失衡，从而影响其实用性。诚如杨钟健所说："中国地质调查所成立最初，因为环境关系，不得不竟言实用……但后来逐渐指导，光是实用，仍是不能收实用的效果。如考察一地之矿产，非将一地之地层弄明白不可。而地层之弄明白，又非将各地层之化石弄清楚不可。"②

鉴于此，丁文江和翁文灏开始重视理论研究，具体表现为开始提倡古生物学研究，尤其是丁文江，大力推动古生物学的发展。丁文江在求学期间曾主修动物学和地质学，他是第一位在中国讲授古生物学的人，在国际上享有盛誉的《中国古生物志》就是在其指导和鼓励下出版的。为了发展古生物学，他邀请美国著名生物学家葛利普来华领导古生物及地层研究，由其担任地质调查所古生物学主任研究员，并兼任北京大学地质系古生物学教授。在葛利普的领导下，所由古生物学专业"人才辈出，蔚为大观"③。

古生物学等理论研究的发展，不仅为地质调查所赢得了国际学术界的认同，而且也大大提升了实地调查的水准，为地质调查提供了科学的依据，从而为地质调查所赢得了更多的发展机会。

---

① 谢家荣．近年来中国经济地质学之进步［J］．地质论评，1936，1（1）：41．

②③ 杨钟健．自然论略［M］．重庆：商务印书馆，1944：14．

三、地质调查付出的巨大代价

在彼时中国的自然社会环境之下，野外调查是对地质学家生存能力的考验。交通之不便，环境之恶劣，难以想象，很多学者因此生病甚至遭受牢狱之灾，更有甚者，付出了生命代价，地质调查所中就有十多个人遭遇不测。“三十年之艰苦奋斗，固不无微绩，而遭遇损失亦足惊人。（民国）十八年十一月赵亚曾先生在云南遇匪被戕，十九年十一月王恒升先生在黑龙江边界被捕，几遭不测，二十五年一月丁文江先生在湖南调查中毒致死，二十七年二月吴希曾先生于湖南益阳撞车殒命，三十三年四月，许德佑先生、陈康先生及马以思女士在贵州遇匪殉难。此外因积劳成疾死于任所者尚有徐光熙、王绍文、许（计）荣森、张沅恺、刘庄诸先生。职员仅仅数十名，历史短短三十年，而因公死亡达十一人之多，其他遇险者尚未计及。为国家为学术，地质工作固仍当迈步前进，决不因此而畏却。然今后人员之补充与增加，与夫社会对于此项工作之爱护，是不能不为努力者也。”①

最令地质学者们揪心的是治安问题，几位优秀学者因遇到土匪付出了年轻的生命。20 世纪二三十年代，地质调查所野外地质调查工作的重点是西南地区。前已述及，当时西南地区时局不靖，治安状况非常混乱，调查时往往需要地方政府的庇护，尽管这“也不过是个心理的治疗法，于事实毫无补益”②。但有时候欲求这种心理治疗法亦不可得。1929 年，地质调查所组织了西南大调查。这次调查规模庞大，几乎动用了地质调查所的所有骨干

---

① 李春昱．三十年来中国之地质事业［M］//中国工程师学会．三十年来之中国工程：下册．南京：京华印书馆，1948：837.

② 杨钟健．自然论略［M］．重庆：商务印书馆，1944：5.

成员，赵亚曾亦参与其中。赵亚曾是葛利普的高足，才华横溢，颇受丁文江、葛利普的器重，“赵君学绩在国内知之者或不甚多，然在世界古生物学者中固已称翘楚，见重一时矣。其师葛利普先生来中国后，造就古生物学人才不少，而研究贡献质量并富者，葛先生论及时于赵君常首屈一指，视为最可爱重之青年”①。丁文江认为他“天资的高超、工作的勤快、研究的忠实、品行的端正、性情的和顺，不是同他同行而且相处过的，不能十分领会的”②。不幸的是，1929 年 11 月 16 日，他在云南昭通境内被土匪杀害，年仅 31 岁。闻此消息，所内人士悲痛不已，丁文江感叹“遭了平生最大的打击”，“心上犹如红炭浇着冷水，精神几乎错乱”。③ 翁文灏更是痛心：“吾恨不能起赵君而语之，而使赵君至此者，吾又何能辞其责，呜呼哀哉！”④ 赵亚曾遇难震惊了国际学术界，许多国外刊物上都报道了相关的消息。⑤

赵亚曾的遇害，牵扯到学术伦理和社会伦理的问题。学术伦理即赵亚曾身上所体现出来的为了学术不顾一切的精神。本来丁文江考虑到云南到四川的路上不太平，曾经打电报给赵亚曾，想邀他到重庆一起走，但是赵亚曾回电说：“西南太平的地方很少。我们一点工作没有做，就改变路程，将来一定要一步不能出门，所以我决定仍旧冒险前进。”⑥ 言语中闪烁着其为了学术不顾一切、毫不避难退缩的精神，“盖赵君以学术为重，以生命为轻，

---

① 翁文灏．赵亚曾先生传［M］//翁文灏，李学通．科学与工业化——翁文灏文存．北京：中华书局，2009：110.

②③ 胡适遗稿及秘藏书信［M］//宋广波．丁文江年谱．哈尔滨：黑龙江教育出版社，2009：347.

④ 翁文灏．赵亚曾先生传［M］//翁文灏，李学通．科学与工业化——翁文灏文存．北京：中华书局，2009：113.

⑤ 杨钟健．自然论略［M］．重庆：商务印书馆，1944：12.

⑥ 丁文江．现在中国的中年与青年［J］．独立评论，1935（144）：9.

宁使身冒危险，而不肯使学术成绩稍有损失也又如此”①。杨钟健就曾经说过赵亚曾是“殉学而死，殉化石标本而死”②。正是因为秉持这种学术伦理，赵亚曾才取得如此大的成就。

此事也牵扯到一个社会伦理，即整个社会出现的一种非正常的状态。翁文灏曾感叹道：“呜呼，外国学者探险南北极以及其他野蛮之邦因而丧生者有之矣，今赵君乃行于川滇之间，有中央之护照，有省政府之通令保护，而无知匪徒竟无所忌惮肆虐至此，环境如斯，夫复何言?”③ 当时的中国虽然已经实现了名义上的统一，但是军阀割据、政令不通、匪患肆虐的局面非常严重，导致如此惨剧发生。

1944 年，地质调查所又发生了更为惨烈的悲剧。当年 4 月 24 日，许德佑、陈康和马以思三位学者在贵州晴隆县进行地质调查时惨遭土匪杀害。此事震惊了中国地质学界，闻者无不悲痛欲绝。许德佑于 1935 年毕业于法国蒙伯里大学地质系，回国后在地质调查所古生物研究室工作，年轻有为，著述颇丰，被称为干才，去世之前已完成的论著达 74 种之多，另有 5 种论著尚在写作中。陈康和马以思均为入所不久的年轻学者。陈康毕业于广东省立文理学院，1941 年进入地质调查所工作，遇害时年仅 28 岁；马以思是当时地质学界为数不多的从事野外调查的女地质学者之一，也是地质调查所唯一一位从事过野外调查的女地质学者。地质调查所一般不招收女地质工作者，而马以思是个例外，她聪慧异常，刻苦谨慎，兼通中、英、德、法、俄、日六国文字，求学

① 翁文灏．赵亚曾先生传［M］//翁文灏，李学通．科学与工业化——翁文灏文存．北京：中华书局，2009：112.

② 杨钟健．杨钟健回忆录［M］．北京：地质出版社，1983：89.

③ 翁文灏．赵亚曾先生传［M］//翁文灏，李学通．科学与工业化——翁文灏文存．北京：中华书局，2009：113.

期间多次考试名列第一，以优异的成绩考人地质调查所，前途无限。但不幸的是她在第一次参加野外调查时即被土匪杀害，年仅25岁。

地质调查所为他们举行了追悼大会，致词者“悲愤交加，泣不成声”，“全所同人潸然泪下”。① 为了纪念三位学者，中国地质学会设立了纪念奖金，通过奖励为中国地质事业做出贡献的学者来缅怀那些为中国地质事业献身的学者。

野外地质调查除了有生命危险外，有时候还会遇到牢狱之灾。王恒升在黑龙江调查时，无意中走到中苏边界有纷争的地方，被苏联的边防局逮捕了，由于他随身带有军用地图、测量与照相器具，因此被怀疑为间谍，差点被枪毙。他在寒冷的西伯利亚监狱吃了18天的酸黑面包，后来经过交涉才被放了出来。到了满洲里，他给丁文江发电报说再有两星期工作就完成了，坚持把预定的计划完成了才回来。丁文江对此颇为感慨，认为王恒升表现出的这种精神“在任何时代，任何国家，都只能望之于少数人的”②。

尽管野外调查比较危险，但是地质学家们并没有因此而畏怯，对事业的追求和热爱使他们顾不上考虑野外调查工作的危险和艰苦，相反他们非常希望能够有机会参与野外地质调查。翁文灏谈及赵亚曾时说他：“调查则出必争先，研究则昼夜不倦。”③中国地质调查事业是用地质学家们的努力、汗水甚至生命换取的。因此，“在中国地质学会设立了7项奖章和奖金中，有5项

① 尹赞勋. 往事漫忆［M］. 北京：海洋出版社，1988：50.

② 丁文江. 现在中国的中年与青年［J］. 独立评论，1935（144）：9—10.

③ 翁文灏. 赵亚曾先生传［M］//翁文灏，李学通. 科学与工业化——翁文灏文存. 北京：中华书局，2009：110.

是为了纪念在野外考察中牺牲的学者”①。

总体而言，地质调查所取得了一系列重要的成就，这与地质学者们倾力于地质调查事业是分不开的，尽管处境恶劣，但是依然不屈不挠，这是地质学家们留下的宝贵精神财富。

第二节　翁文灏与中国近代地质调查

翁文灏（1889—1971），字咏霓，浙江鄞县人，是中国近代地质学、地理学的奠基人之一，也是“学者从政”的典型代表人物。他毕业于比利时鲁汶大学，23 岁获地质学博士学位，是中国第一个地质学博士。回国以后，曾长期担任地质调查所所长，在地球科学的很多领域做出了开创性的贡献，在国际上享有盛誉，20 世纪 30 年代之后从政，官至南京国民政府行政院院长。

作为一名地质学家，翁文灏非常重视地质调查，认为只有通过地质调查才能进行地质研究，并将其奉为圭臬。他担任地质调查所所长多年，依托并规划该所进行了大量的地质调查，很大程度上影响了中国近代地质学的发展。本节意在综合考察翁文灏重视地质调查的原因、地质调查的实践及其方法、特点，以求全面分析其在中国近代地质学领域的独特地位及重要贡献，进而以此个案为典范，窥探南京国民政府时期社会调查之特色。

一、翁文灏钟情地质调查的原因

翁文灏对地质调查颇为重视并非偶然，而是在当时的时代背

① 杨钟健．自然论略［M］．重庆：商务印书馆，1944：12．

景下根据个人的志趣做出的历史抉择。

第一，当时中国面临着内忧外患，列强虎视眈眈地环伺中国，国内军阀混战不已，沉痛的现实使得在那个时代中成长出来的有志之士有着极其强烈的社会责任感，翁文灏正是如此。“我虽年少知自勉，须扶衰弱佐中兴”①，即是他内心世界的真实写照。其时中国民族资本主义工业正在缓慢地发展，对钢铁的需求量日增。钢铁的开采离不开地质调查，这无疑刺激了政府和社会各界对于地质学的重视。更为重要的是，从教育背景上看，翁文灏不仅接受过西方科学救国思想的洗礼，同时也颇受中国传统文化经世致用观念的影响，因此运用所学来促进国家工矿业的发展成为他从事学术研究的现实落脚点。他在《〈农商部地质研究所师弟修业记〉序》中指出：“则居今日而欲图斯学之进步，亦惟有担斧入山，披荆棘斩榛莽，以求意吾事实上之知识而已。”② 由此可见，翁文灏已经从传统士大夫安于室内的旧思想窠臼中脱离出来了，成为一个具有新式科学思想的近代知识分子。这种改变需要打破头脑中根深蒂固的“秀才不出门，便知天下事”观念，是科学观念对于中国知识分子浸润的结果，同时也驳斥了德国地质学家李希霍芬等人对中国知识分子的偏见。③

第二，地质学的学科特点也决定了必须重视地质调查。“我们学地质的人是最有游历机会的，背了一个布袋，拿了一把锥子，根究地下的富藏，追寻玄古的历史，这本是我们的本份（分）。但是除了敲石头之外，对于所经地方的山川形势、人情物

---

① 翁文灏．回溯吟（未刊稿）［M］//李学通．幻灭的梦——翁文灏与中国早期工业化．天津：天津古籍出版社，2005：17.

② 翁文灏．《农商部地质研究所师弟修业记》序［M］//翁文灏，李学通．科学与工业化——翁文灏文存．北京：中华书局，2009：5.

③ 李希霍芬认为中国士人天资聪明，在科学上可有成就，但是安于室内，不好跋涉，所以不适合从事地质工作。

产种种都有研究的价值，而且往往与我们的石头有关。”① 只有通过对地质现象进行调查才能取得地质研究的素材，所以要想在地质学方面有所建树，必须对地质进行艰苦的调查，否则一事无成。翁文灏熟稔此理，他说：“我们做地质工作的，如果一年没上山便不配称地质学者；应将大部分工夫用在实地和实物观察，连做报告文字都不应该过于要占我们的时间。”② 翁文灏还曾经专门撰文对地质研究的目的进行过论述，认为其目的首先在于测制全国地质图，以明了各个地方的层累构造；其次在于勘察重要的矿产地质，以探知富源所在，来进行开发；再次是研究矿物、岩石、化石，来促进地学知识的进步。③ 他还认为地质工作者通过地质调查，可以改变中国传统学者的研究方式：“中国学者的工作向来偏重室内研究，而短于实地考察，甚且以此为苦，资格稍老者便往往弃而不顾。我们做地质的人携锥入山，庶几稍雪此耻。”④

第三，翁文灏深受丁文江的影响，对于地质调查甚为钟爱。翁文灏回忆道：初识丁文江时，丁文江刚刚从云南调查回来，他的描述“使我对于远道旅行发见极浓厚的兴趣，也从此时开始觉悟中国土地广大交通艰阻，中国地质学者正当以跋涉山川，开辟此学术的疆域引为己责。我自觉见猎心喜，在君先生恰是中国地质学界中第一个猎人”⑤。从此，翁文灏和丁文江惺惺相惜，成为

---

① 翁文灏.《西北的剖面》序［M］//翁文灏，李学通. 科学与现代化——翁文灏文存. 北京：中华书局，2009：87.

② 张九辰. 地质学与民国社会——1916—1950［M］. 济南：山东教育出版社，2005：116.

③ 翁文灏. 地质调查所出版十年纪念辞［M］//翁文灏，李学通. 科学与工业化——翁文灏文存. 北京：中华书局，2009：66.

④ 翁文灏.《周口店洞穴层采掘记》序［J］. 地质专报（乙种），1934（7）：2。

⑤ 翁文灏. 对于丁在君先生的追忆［M］//翁文灏，李学通. 科学与工业化——翁文灏文存. 北京：中华书局，2009：120.

挚友，翁文灏也便以地质调查为己任。他在1916年曾经说过：“三年之中从事于实地观察者，北抵朔漠，南涉鄱阳，往来奔走，而不敢以室内之普通讲义，及外人之已得成说自封者，盖此旨也。”①

翁文灏不仅自己重视地质调查，而且在担任所长期间大力倡导所中同人进行调查。在他的积极推动下，地质调查成为地质学家工作的一种常态，一般情况下，地质调查所会有一半以上甚至三分之二的学者在野外调查，地质学家一般每年有三四个月在野外调查，一些大规模的考察有时需要在野外连续工作一两年的时间。② 即使在抗日战争最艰苦的时期，在地质调查所仅剩70多人的条件下，其在野外从事地质调查的人员总是在半数以上。地质调查需要大批经费，但地质调查所却是一个清贫的机关，翁文灏担任所长期间，通过各种渠道，为该所筹集了大量的经费，保证了地质调查的顺利进行。

二、翁文灏地质调查的成就

（一）总体状况

欲了解翁文灏的地质调查成就，须首先对其一生所开展的地质调查进行梳理。笔者以表格的形式展现其地质调查活动，以期更加形象直观。

---

① 翁文灏.《农商部地质研究所师弟修业记》序［M］//翁文灏，李学通. 科学与工业化——翁文灏文存. 北京：中华书局，2009：5—6.

② 张九辰. 地质学与民国社会——1916—1950［M］. 济南：山东教育出版社，2005：11.

表 3－2　翁文灏主要地质调查活动表

时间	调查人	调查对象
1915 年	丁文江、翁文灏	察哈尔宣化鸡鸣山煤矿
1915 年	翁文灏、曹树声	绥远土默特旗地质矿产
1915 年	翁文灏、叶良辅、谢家荣	江西余干、乐平、鄱阳等地煤矿
1916 年	翁文灏及地质研究所学员	直隶滦县、迁安地质矿产
1917 年	翁文灏	全国地震情况
1917 年	翁文灏、谭锡畴	山东胶县铁矿、威海银矿
1918 年	翁文灏	直隶滦县、卢龙、迁安、抚宁一带的金属矿产
1918 年	翁文灏、梁津	察哈尔地质矿产
1921 年	翁文灏率领联合调查组	甘肃震区受灾情况
1922 年	翁文灏	奉天、吉林铁矿，山东金矿，直隶、山西铁矿
1927 年	翁文灏	黑龙江黑河金矿
1927 年	翁文灏、王恒升	热河北票朝阳煤矿
1931 年	翁文灏、刘季辰、计荣森	安徽北部煤矿
1934 年	翁文灏、计荣森	浙江长兴石油地质

1934 年，翁文灏赴浙江长兴调查石油地质时在武康遇险受伤，蒋介石甚为关切，并为其提供了优越的治疗条件。知遇之恩加上救命之恩，使得翁文灏非常感激蒋介石。他康复之后便应蒋介石之请求正式踏入政界，所以 1934 年之后基本上就没有时间进行地质调查了。另外，1922—1927 年翁文灏几乎没有外出进行地质调查，主要原因是 1921 年丁文江就任热河北票煤矿公司经理，翁文灏开始担任地质调查所会办，于丁文江不在所时，代理地质调查所所长一职，并且于 1923 年开始出任中国地质学会会

长。他的工作日益忙碌，所以无暇外出调查。需要注意的是，尽管20世纪20年代翁文灏地质调查次数并不是很多，却是其一生学术研究的巅峰。在此期间，他发表了很多高水平的论文和著作，并成为饮誉国际的地质学家。他通过之前的地质调查，积累了丰富的知识储备，除了自己进行调查外，还非常善于运用学术同人的调查成果，并且注重对地质调查成果进行理论提升，比如他根据国内外学者的地质调查成果以及室内研究报告，创立了燕山运动及与之有关的岩浆运动和金属矿床之形成的理论，这是他对中国地质学的重大贡献。他先后编纂的《中国矿产志略》①《中国矿业纪要》② 等书，也是在广泛搜集国内外学者地质调查成果的基础上形成的。

（二）突出特点

翁文灏所从事和指导的地质调查中，以矿产调查和地震调查最为突出。

翁文灏与丁文江一样，对矿产资源的调查颇为重视，这是那个时代背景下中国地质学者的共性，他们急切地想要在自己所学的领域内为国家的富强做出贡献。翁文灏带领中国第一代地质学家跋山涉水、历尽艰辛，开创了地质学发展的新局面。在地质调查所成立初期，翁文灏将精力“用在我国矿产资源的踏勘和科学研究上，同时也注意重要矿业现状”③。他一向认为矿产勘察是地

---

① 该书搜集了中外学者关于矿产调查研究的报告和有关中国矿产的记述，从地质、地史的角度，将全国各种有用矿物之矿床地质成因及产量、地理位置、交通条件、开采历史及目前情况，分类分区全面系统地进行介绍。这是中国第一部系统的矿产报告和矿业全书。

② 该书是与丁文江合著的，主要记载各省各种矿产的生产统计，对工矿业发展颇有参考价值。

③ 黄汲清．我国地质科学工作从萌芽阶段到初步开展阶段中名列第一的先驱学者［M］//王鸿祯．中国地质事业早期史．北京：北京大学出版社，1990：19.

质学的重要组成部分，“虽地质学范围甚广，不专以矿产为目的，然大势所趋，研究矿产者不得不利用地质，研究地质者亦遂不得不注重矿产”①。

在矿产资源调查方面，翁文灏最初比较重视铁矿和煤矿，进行了多次地质调查，并完成了很多相关的调查报告，比如《铁矿纪要》《直隶东北金属矿产调查报告书》等。他最感兴趣的是石油地质调查，虽然很多调查并不是他亲力亲为的，而是以地质调查所所长的身份委派别人进行，但是他对此类调查的重视是众所周知的。石油是关系国计民生的重要能源，又是重要的战略物资，当时中国还未发现油田，石油只能靠进口，这种严酷的现实深深刺激了翁文灏，实现石油自给成为他的心愿，因此他对石油地质调查颇为尽心。在中国广袤的土地上，西部地区是最有可能发现石油的地方，因为许多盆地有油气苗或其他油气显示。早在1921年调查甘肃大地震时，翁文灏就曾委派谢家荣对甘肃玉门一带做过调查，谢家荣证实了翁文灏的推测，第一次肯定了玉门油田具有开采价值，这是中国地质工作者第一次采用现代地质科学方法独立进行的石油地质调查。后来，翁文灏对于开展中国石油的调查、勘探以及生产、运营颇为重视，陆续组织了多次石油调查。1931年，翁文灏派谭锡畴、李春昱赴川南调查石油地质，谭、李二人通过调查撰写了调查报告。同年，又派谢家荣、王竹泉、潘钟祥等对陕北石油地质进行考察，此次调查对中国石油的蕴藏和分布有了进一步系统的认识。1933年，翁文灏派王竹泉、潘钟祥赴陕西肤施、延长等地调查石油地质，但未有发现。1935年，他派潘钟祥到四川巴县勘定探油井位，并且设立了四川石油勘探处。1938年，他又派孙健初、严爽赴甘肃玉门老君庙调查石

① 翁文灏．在地质研究所毕业典礼上的演说［M］//翁文灏，李学通：科学与工业化——翁文灏文存．北京：中华书局，2009：3.

油地质。通过一系列的调查，翁文灏陆续发表了《开发西北矿业计划》《中国矿业纪要》《煤铁石油调查研究计划》《中国石油地质问题》等文章，明确地指出甘肃玉门及新疆地区石油具有开采价值，呼吁政府进行进一步调查及开采。如在《开发西北矿业计划》一文中，翁文灏强调了地质调查在开发矿产资源方面的重要作用，并呼吁政府参与其中，指出："如能由政府筹定专款，分区调查，限期竣事，则以本部今日人才及设备之程度，办理并不甚难。"① 关于新疆油田，他主张"似应先从调查入手，再定方针"②。该文还对石油地质调查提出了总的意见："应派员广为调查，并将调查结果刊为报告，庶对外可以杜优先之借口，对内可以引起企业之热心。如有正当公司愿为探采，或官商合办，或划归商办，亦可酌量准许，以免利弃于地。"③抗战时期，翁文灏发起勘探并组织领导了玉门油田的开采工作，这是中国人开辟的第一个油田。抗战胜利之后，翁文灏曾一度辞去所有的官职，唯独保留中国石油有限公司董事长的身份，欲倾力发展中国石油事业，可见其毕生对石油事业的钟爱。

除了矿产调查外，翁文灏对于地震调查也关注颇多，中国近代地震调查的开展与其密不可分，丁文江曾经说过："地震的研究，完全是地质调查所长翁文灏个人兴趣的产物。"④ 翁对地震的研究，恐怕不完全是兴趣，更多是有感于其危害性甚大才投之以关注。他认为虽然地震学自成一科，但是与地质学素有渊源，所以"民国以来，各地遇有地震，辄由地质调查所收集报告，稍有

①③ 翁文灏．开发西北矿业计划［M］//翁文灏．翁文灏论经济建设．北京：团结出版社，1989：20．

② 翁文灏．开发西北矿业计划［M］//翁文灏．翁文灏论经济建设．北京：团结出版社，1989：19．

④ 丁文江．我国的科学研究事业［J］．中华教育界，1935，23（8）：104．

研究”①。

翁文灏是我国第一位实地调查大地震的地质学家。1917 年，安徽霍山连续两次发生强烈的地震，翁文灏除了派刘季辰深入霍山做调查之外，还组织印制了统一的调查表寄往安徽、河南、江西、福建、浙江、湖北、江苏、山东、湖南等省调查地震情况（包括地震影响的地点、刻度、烈度、方向、报告人等）。综合实地调查和通信调查所得材料，地质调查所发表了调查报告《民国六年一月至三月地震调查报告》，并绘制了两次地震的等震线图，这是中国地质学家首次绘制等震线图。1920 年底，甘肃六盘山地区发生 8.5 级大地震，北洋政府决定由内务、教育、农商三部组成联合调查组，包括谢家荣（农商部），王烈、杨警吾（教育部），苏本如、易受楷（内务部），由翁文灏负责。1921 年 4 月，翁文灏率调查组奔赴灾区进行调查。震区地处西北边陲之地，治安混乱，交通闭塞，调查期间还不断发生余震。一行人在极其艰苦的条件下完成了调查。调查结束后，翁文灏向当时的北洋政府提交了两份调查报告，分别是《调查甘肃地震意见书》和《为条陈调查甘肃意见呈请》。他通过调查发现震区特殊的地质构造是造成地震损失巨大的重要原因，这一发现将断层与地震灾害联系起来了，开辟了地震地质研究的方向，在国际上产生了广泛的影响。这次调查是我国地震史上第一次对大地震所做的全面而详细的科学调查，历时最长、成果最多、影响最大。从甘肃回来后，翁文灏开始搜集中国历史上地震方面的资料，同年，发表了《甘肃地震考》，这是中国人第一部有分量的地震学著作。后来他又陆续撰写了十多篇地震学方面的学术论文。作为地震学的先驱，他在地震学研究方法上显示出独特的创造性。黄汲清曾经评价

① 翁文灏. 中国地震区分布简说［J］. 科学，1923，8（8）：789.

道："翁氏是研究中国地震地质的第一人。"① 著名地震学专家李善邦也认为翁文灏"实为我国开现代地震研究之门者"②。

翁文灏在担任地质调查所所长后，更加重视地震调查。1925年云南大理地震，1927年甘肃古浪地震，1931年新疆富蕴地震，1933年四川叠溪地震，1937年山东菏泽地震，这些地震发生之后，地质调查所均予以关注，或派学者亲临现场去调查，或通过通信的方式调查，基本上都撰写了调查报告。翁文灏对于地震调查的重视，推动了中国地震研究的进程。在进行调查的基础上，翁文灏还在地质调查所成立了地震研究室，并设置了鹫峰地震台，开创了民国时期研究地震的先河。

（三）调查的方式方法探讨

地震调查和矿产调查在方式方法上有一些不同之处。地震调查的方法更加多样化，主要有以下几种：第一是采用通信方式进行调查。比如1917年安徽霍山地震之后地质调查所就曾经印制调查表发往各地进行调查。又比如甘肃大地震发生后，调查组除了进行实地调查外，还采用了通信调查的方法，将调查表发放给灾区各县知事，广泛搜集灾情及各种宏观现象，共收回调查表三四十份。通信调查比较节省人力物力，但是无法避免由于填表人员敷衍了事带来的信息不准确的问题。地质矿产调查专业性比较强，一般不采用此种调查方式。第二是实地调查。最为著名的就是针对甘肃大地震的调查。诚如著名地质学家李善邦所说："这是我国地质学家第一次科学地进行地震调查，与历史上大地震发

---

① 黄汲清．序言［M］//黄汲清，潘云唐．翁文灏选集．北京：冶金工业出版社，1989：9.

② 李善邦．三十年来我国地震研究［J］．科学，1948，30（6）：164.

生后，朝廷派钦差大臣到现场抚慰，不可同日而语。”① 地质矿产调查一般都采用此种调查方法。第三是搜集研究中国历史上已有的地震相关记载，从中发现一定的规律，进行科学研究。比如翁文灏从历史上记载的 3500 多次地震中分析地震的分布规律，根据中国地质构造的特点分析出地震的中心地带，开创了新的地震学研究方法。矿产调查有时也采用此种方式，比如丁文江在调查山东峄县中兴煤矿时对于该矿历史的调查。

翁文灏本人的复杂性在于他不是一个独立的个体，由于其长期担任地质调查所所长一职，所以他的学术方向以及思路也清晰地体现在地质调查所的工作安排中，欲对其地质调查进行全面的考察必须与地质调查所的工作结合起来。另外他的学术视野相当宽广，除了古生物学不甚精通外，其他方面均能进行指导，这也使得地质调查所的学术研究能够在各个领域齐头并进。

翁文灏并不是盲目推崇地质调查，他认为科学的地质调查必须有先进的理论知识作为指导，“我辈工作亦惟有充分发挥科学方法，方能对于矿产调查确有心得”②。在 1934 年发表的《中国石油地质问题》一文中，他强调了地质理论对于石油调查的重要意义，“中国石油地质近来调查渐多，更进一步仍须先有理论之研究，庶足为搜求之针导。一般石油地质家辄以寻求背斜层为唯一妙诀，然必原来有油，背斜始有积聚之效。而油之所由成，及其分布之法则，则惟有从理论地质，以为探索”③。在此文中，翁文灏根据对西部石油地质的调查与研究，对当时学术界占统治地

① 陈洪鹗．中国当代地球物理学的开拓者——翁文灏［J］．国际地震动态，1991（11）：21.

② 翁文灏．告地质调查所同人书［M］//翁文灏，李学通．科学与工业化——翁文灏文存．北京：中华书局，2009：132.

③ 翁文灏．中国石油地质问题［M］//黄汲清，潘云唐．翁文灏选集．北京：冶金工业出版社，1989：341.

位的海相生油理论提出了质疑，“或言大量石油必在海相地层，四川三叠纪确为海成，陕西三叠纪则迄未有海成证明，大致似为陆相。如此则得油之望，似又川多于陕，然陆成地层果绝对无储油之望耶？若以油泉之多观之，陕北实远过于四川”①。这实为陆相生油理论之滥觞。由此可见，翁文灏善于将地质调查成果升华到理论层面，并且再将理论用于指导调查，这也是其在学术上获得成功的原因之一。

三、对翁文灏地质调查的评价

翁文灏是一个社会责任感相当强烈的自然科学家，地质学家特有的严谨的工作态度影响了其从政生涯。他将对调查的钟爱体现在其他工作中，明确主张任何建设之前都要进行调查，我们姑且称为“地质调查的社会化”。他曾经引用古人“七年之病必求三年之艾”来说明调查在制订建设计划方面的重要性，后来他担任资源委员会秘书长时也秉承了其素来注重调查的传统，领导资源委员会进行了大量的有关中国资源的调查研究。值得注意的是，他所主张的调查是科学的调查，反对在调查的过程中出现形式主义和浮夸现象，并对此提出严厉的批评和嘲讽：“有许多政府机关近来似乎盛行调查统计，工作的方法，不过是闭门造车，制就表格，分发填写。实际上各个机关又复漫无体系，往往同一事件，数机关同时或先后调查，弄得填表的人们应付不暇，只好潦草塞责。所得结果，又往往无人研究，随便发表，所以黑龙江的荒地会比全省面积更大，广东省的农夫说（数）比该省人口还

① 翁文灏．中国石油地质问题［M］//黄汲清，潘云唐．翁文灏选集．北京：冶金工业出版社，1989：341.

多，笑话连篇，世界少见。”① 对于那些以考察为时髦，请客送礼，不惜靡费巨款，而结果却“往往盛兴而往，一哄而散”② 的所谓考察，翁文灏批评尤为严厉。比如在调查西北问题上，他曾经提出：“西北各地不是未发见的南极大陆，一个普通考察团所能得到的知识，我们坐在家内也已知道的不少，如果现成知识不能运用，随便闲逛一趟，决不会有很好的结果。……对于地方除骚扰外有何益处？……何如用这笔款来做一些实在的工作？……有目的的、有计划的考察工作，当然更该提倡。不过地方当局对于这等事，也只须予以旅行的帮助和工作的便利，不必滥费公帑做个人的酬应，或无聊的宣传。……在贫穷得要命的地方，必须将涓滴的财力全用在实在的事业。”③ 由此可见，翁文灏不仅是一个相当务实的人，也是一个品格端正的人，更是一个真正的爱国主义者。

翁文灏作为中国第一代地质学家的杰出代表，其身上闪耀着科学家敬业精神的光辉。他对地质调查者提出了很高的要求，认为“调查地质者之任务，决不仅在走马看花不得要领，而实应使用眼力，随地用心”。他始终认为地质科学家在地质调查过程中应当对自己保持高标准的要求，明确提出“举行各大山脉之调查时，往往须深入荒僻地域，人口稀少，生活艰苦，工作者势须充满冒险探险之精神，以寻求科学知识之满足。此种精神实为中国地质学者所必备，我们决不能徒托空言，遗弃实地，亦不能贪享安乐，畏行远路”④。正是因为这种精神，使得中国地质学在短短

① 翁文灏．整顿内政的途径［M］//翁文灏，李学通．科学与现代化——翁文灏文存．北京：中华书局，2009：338—339.

②③ 翁文灏．如何开发西北［J］．独立评论，1933（40）：2—3.

④ 翁文灏．抗战时期几种地质工作的商榷［J］．地质论评，1940，5（4）：273—274.

的几十年内飞速发展，取得了令人瞩目的成果。他自己始终是一个充满敬业精神的科学家，在从事地质调查过程中，往往身先士卒，不怕吃苦，“尽管身为知名科学家，但是翁先生到煤矿考察时竟只拿一个板凳，坐着拉煤的篷车就去了”①。1921 年调查甘肃地震期间，由于条件艰苦，再加上缺乏休息，翁文灏劳累过度，双腿浮肿，得了维生素 B 缺乏症，但是他仍然坚持调查，并且顺利完成了调查任务。

翁文灏工作中的这种敬业精神源自于他爱国主义思想。他认为：“人就是为工作而生的，不工作就是辜负此生。播了种就一定会有收获，用了力决不至于白废。”“我们从落伍的国家要赶上人家（欧美），非但要努力，真还要拼命。”② 他是这样说的，也是这样做的，在工作时：“翁先生经常中午不回家吃饭，让工友到兵马司街口小饭铺内买一碗汤面或烩饼，在办公室里吃，就算一段午饭。晚上则往往在灯下工作到七八点才走。”③ 正是靠着这种超乎常人的努力，翁文灏取得了重大成就。

概言之，翁文灏在中国地质调查方面做出了重大贡献，为开拓中国的地质事业可谓是呕心沥血，尤其是在 20 世纪 20 年代，他发表了大量的野外调查报告，在矿床学研究、地震地质研究、构造地质和大地构造研究、地理研究等方面颇有建树。其在地质调查过程中表现出来的不怕吃苦、甘于奉献的精神至今仍然令我们钦佩有加。

---

① 孙孚凌．序［M］//李学通．翁文灏年谱．济南：山东教育出版社，2005：7.

② 翁文灏．我的意见不过如此［J］．独立评论，1932（15）：5.

③ 李春昱．缅怀翁文灏先生［M］//李学通．幻灭的梦——翁文灏与中国早期工业化．天津：天津古籍出版社，2005：29.

第三节　丁文江与中国近代地质调查

丁文江（1887—1936），字在君，笔名宗淹。江苏泰兴人，生于1887年4月13日。其家境殷实，自幼受到相当严格的家庭教育。1902年，丁文江东渡日本，两年之后离开日本赴英国留学，先考入剑桥大学，后因不堪负担高昂的学费，改为格拉斯哥大学，获得动物学和地质学双学位。1911年，丁文江回国，在上海南洋中学教书。1913年2月，就任北洋政府工商部矿政司地质科科长，同年，就任地质调查所和地质研究所所长，进行了大量的地质调查工作。1921年6月，就任热河北票煤矿公司总经理。1925年，出任淞沪督办公署的总办，8个月后辞职。1931年出任北京大学地质系教授，1934年辞职，担任中央研究院总干事。1936年因煤气中毒逝世，享年49岁。

丁文江是一个才华横溢之人，他不但是一个优秀的科学家，而且在中国文化和哲学方面均具有很深的造诣，精通多种语言，极富行政才能，在学术、政治、经济诸多领域都十分活跃。蔡元培先生曾经评价他："在君先生是一位有办事才的科学家。普通科学家未必长于办事，普通能办事的又未必精于科学；精于科学而又长于办事，如在君先生，实为我国现代希有的人物。"①

丁文江钟情于地质调查，他一生有相当一部分时间是在野外调查中度过的，其足迹踏遍大江南北，除了尤为钟爱的西南地区外，中国中部和北部也留下了他的足迹，可以说他对科学的贡献主要是通过地质调查来获得的。本节意在综合考察丁文江地质调

① 蔡元培．丁在君先生对于中央研究院之贡献［J］．独立评论，1936（188）：31．

查实践、地质调查的主要贡献、地质调查的特点、地质调查的方法，以期全面地反映丁文江与地质调查的历史渊源，进而解读南京国民政府社会调查的内涵。

一、丁文江地质调查的成就

丁文江是一个徐霞客式的人物，他一生酷爱调查，足迹踏遍大江南北，开展的地质调查也不计其数，为了更直观地反映其地质调查活动，笔者将其以表格的形式呈现出来。

表 3-3　丁文江主要地质调查活动表

时间	调查人	调查对象
1913 年	丁文江	河南北部煤矿
1913 年	丁文江、梭尔格、王锡宾	正太铁路沿线地质矿产
1914—1915 年	丁文江	云南东部地质矿产
1915 年	丁文江	直隶蔚县，山西广灵、阳原一带煤矿
1915 年	丁文江、翁文灏	直隶张家口鸡鸣山煤矿
1915—1916 年	丁文江	安徽南部、浙江西部地质矿产
1915—1916 年	丁文江	山东峄县中兴煤矿
1917 年	丁文江	江西萍乡煤矿和上株岭铁矿
1917 年	丁文江	扬子江下游地质
1918 年	丁文江	陕西、河南两省交界处黄河三门滩周围地质
1918 年	丁文江	山东峄县中兴煤矿
1928 年	丁文江	拟议中的川广铁路及沿线地质矿产

续表

时间	调查人	调查对象
1929—1930 年	丁文江、曾世英、李春昱、谭锡畴、王曰伦等人	西南地区地质矿产
1935 年	丁文江	粤汉铁路沿线煤矿

20 世纪 20 年代之前，丁文江从事地质调查的次数比较频繁，基本上每年都有几次。20 年代地质调查次数比较少，但是影响和规模比较大。总的来说，丁文江一生大规模的调查主要有三次，分别是：云南调查、广西调查和西南大调查。

1914—1915 年，丁文江独自一人对云南地区进行了考察，主要任务是调查拟建中的钦（钦州）渝（重庆）铁路云南段附近的矿产。“这是中国人第一次开展边远地区的大规模地质工作，是地道的探险工作。”① 此次调查耗时一年，主要调查了云南北部与东部、四川会理、贵州威宁一带，尤其值得一提的是，丁文江专门调查了个旧锡矿和东川铜矿，采集了大量的化石，并进行了地质填图。

1928 年 7 月，丁文江受南京国民政府铁道部和广西省当局之邀，赴广西去调查拟议中的川广铁路线及沿线地质矿产。此次调查区域广泛，遍及大半个广西，重点调查了广西中部及北部，成果卓著，不仅调查了南丹、河池的锡矿及迁江一带煤矿，而且在地层系统及地质构造的研究方面取得了一定的进展。他利用军用地图完成了地质填图，并采集了大量的化石。

1929 年丁文江领导了西南地质大调查，此次调查主要目的有两个，一方面是将云南调查与前一年广西调查的工作衔接上，另一方面是调查钦渝铁路的路线问题。丁文江亲自率领一个分队，

① 黄汲清．丁文江——二十世纪的徐霞客［M］//中国人民政治协商会议江苏省泰兴县文史资料研究委员会．泰兴文史资料：第 4 辑．泰兴：中国人民政治协商会议江苏省泰兴县文史资料研究委员会，1987：1.

偕同曾世英、王曰伦由重庆向贵州出发，然后到达广西。在调查期间，得到了赵亚曾遇害的消息，丁文江痛失英才，悲痛欲绝，后强忍悲痛完成了工作，于1930年夏返回北平。“此次之行为先生平生最大地质旅行亦为最后的大规模地质旅行。”① 丁文江不仅完成了与广西调查的衔接工作，更为重要的是，整个西南地区的大范围的调查工作就此完成。这次调查成果丰富，对于地质学、矿物学、地理学、人种学及古生物学等学科贡献颇大，取得了前所未有的辉煌成就，绘制了1∶20000地形地质图，对于泥盆纪、石炭纪及二叠纪的调查较之以往更为精细，为研究西南各省地层系统奠定了坚实的基础。但遗憾的是，由于丁文江对于调查报告的发表非常谨慎，再加上其工作繁忙，已经整理发表的成果还不及他实际工作的十分之一，仅在1931年发表了《论丰宁纪地层》《川广铁道路线初勘报告》两篇地质调查报告。尽管这样，丁文江做出的贡献是非常大的，章鸿钊曾对此做出了中肯的评价：“发见和采集工作，要算丁文江氏在西南各省所得的成绩最为卓越，不仅工作最早，现在对于西南古生层得以逐渐分别鉴定，大都是以丁氏所采得的化石为基础。”②

这三次调查在丁文江地质调查生涯中具有举足轻重的作用，另外他还进行了很多零星的小规模的地质调查工作，这在上述表格中已经反映出来。

丁文江热爱地质调查，他的生命也奉献给了地质调查。1935年冬，铁道部为解决粤汉铁路用煤问题，委托丁文江赴湖南湘潭谭家山勘探煤矿，丁文江亲自下到煤窑内调查，劳累过度，随后又在住所发生煤气中毒，抢救无效，溘然逝世，年仅49岁。诚如翁文灏先生所说：“一个地质学者死在实地工作上，他如死而

① 黄汲清．丁在君先生在地质学上的工作［J］．独立评论，1936（188）：24．
② 章鸿钊．中国地质学发展小史［M］．上海：商务印书馆，1937：74．

有知，或亦可以自慰。”①

二、丁文江地质调查对于科学发展的贡献

丁文江主持的地质调查结合了自然科学与社会科学，他通过地质调查，不仅对于地球科学的发展做出了巨大的贡献，而且对于人种学、人类学的发展也贡献颇多，他所书写的地质调查史，是地质学与社会调查的综合体。

通过对西南地质矿产的调查研究，丁文江在地层学领域做出了巨大的贡献。1914 年丁文江在云南东部马龙、曲靖地区调查时发现了许多寒武纪和志留纪化石。丁文江逝世后，王曰伦对他的研究成果进行了整理，发表了《云南东部寒武纪及志留纪地层》。在广西和贵州的调查过程中，丁文江尤为注重泥盆系地层，并采集了丰富的以腕足类、珊瑚和层孔虫为主的泥盆纪化石，后来将这些化石交给葛利普等专家进行鉴定、研究。在西南四省地质调查中，丁文江对二叠系地层进行了比较深入的研究，并与葛利普一起发表了《中国的二叠系及其对二叠系地层分类的重要性》的论文。丁文江曾于 1930 年和 1933 年分别发表了两篇论文：《论丰宁系地层》《中国石炭系及其在密西西比系和宾夕法尼亚系地层分类上的意义》，对中国石炭系进行了分层和对比，这是其在地层学方面最重要的贡献。

丁文江在区域地质学方面的成就主要是通过地质填图表现出来的。翁文灏在述及地质调查的目的时曾经说过，地质调查首要目的是进行地质填图。丁文江是中国地质学者中实践地质填图的第一人，其代表作是正太铁路沿线的地质图件，这是中国地质工作者第

① 翁文灏．对于丁在君先生的追忆［J］．独立评论，1936（188）：19．

一次出版的区域地质图件。1914 年，丁文江远赴云南、贵州和四川，进行了广泛的地质调查，绘制了许多区域地形图、地层剖面图和地质构造剖面图，并拍摄了大批野外工作和矿山、矿场照片。调查成果集中体现在《云南及会理威宁地区的地质记录》① 《云南个旧附近地质矿物报告》② 《云南东川府铜矿》③ 中。1919 年，丁文江和张景澄调查了蔚县、广灵、阳原三县的煤矿地质，测绘了地形地质图以及三县的煤矿图（彩色），并合作写了《蔚县广灵阳原三县煤矿地质报告》。

丁文江在矿产资源的调查研究中成就斐然。勘察矿产地质是地质调查的重要目的之一，丁文江向来非常注重地质调查与矿产资源调查的结合，两者往往是同时进行的。从上表可以看出，丁文江进行了大量煤矿、铁矿、锡矿、铜矿的调查，调查内容丰富，不仅包括矿区的地质背景、探矿、采矿，还包括矿区的历史、生产管理、产品出口等情况的调查以及对矿床储量数字的确认。根据一系列地质调查成果，丁文江撰写了《中国的矿产资源》，该文运用了大量的第一手资料，介绍了中国的煤、铁、金、铜、锡、锑、铅、锌、银、石油等矿产资源的矿床特征以及开采、生产情况，尤其突出了煤矿。文中认为中国煤产量十分丰富，山西为最。文中提到的很多矿床，例如开滦煤矿、井陉煤矿、峄县中兴煤矿、个旧锡矿、东川铜矿等，都是丁文江亲自实地调查的。文章一经发表，立即引起了外国企业家的重视，但是非常遗憾的是，由于语言的原因（是用英语写成的），该文并没

① 该文是丁文江 1914 年在云南调查时的主要成果，是由尹赞勋和边兆祥根据他的野外记录和一些手稿整理而成的。

② 该文发表在《地质专报（乙种）》第十号，主要介绍了云南个旧附近的矿产、矿务等，所附地质图是区域地质学的重要成果。

③ 该文用英文写成，附有一张 1∶400000 矿区地质图。

有获得当时北洋政府的重视。

首先看一下煤矿。丁文江一生先后调查过中兴煤矿、正太铁路沿线煤矿、鸟格煤矿、北票煤矿及他临去世前调查的谭家山煤矿。他对正太铁路沿线的煤矿有详细的记述和评论，特别是对井陉煤矿和井陉矿务局、太原西山煤矿进行了比较详细的调查研究。令人遗憾的是，他虽然曾经担任北票煤矿公司总经理，但是关于北票煤矿却没有留下任何文字记录，至于谭家山煤矿更是没有来得及写调查报告。

1915 年 2 月，中兴煤矿发生特大漏水事故，499 名矿工丧生。事故发生后丁文江应邀赴中兴煤矿进行地质调查，倾注了很大的精力，绘制了详细的地质图，估算了煤矿储量，并布置了三个钻孔，以确定新大井的位置。作为地质调查所所长，他充分利用自己的所长职权，把地质、勘探和采矿工程紧密地联系在一起，为中兴煤矿的发展做出了贡献，可以说他是中兴煤矿的"功臣"，这正好与丁文江发展中国矿业的理念是相契合的。

再看一下金属矿。1914 年，丁文江调查了云南个旧的锡矿。1928 年，丁文江在广西调查时，调查了桂平、武宣二县锰矿，贵县天平山金银铜各矿，富川、贺县、钟山、河池、南丹锡矿。在 1913 年的《调查正太铁路附近地质矿物报告书》中，丁文江对山西境内的煤矿、铁矿研究得较为详细，认为煤矿存在的主要问题是销路不畅，并提出了推广煤质销路的办法；提出了欲求铁业发达，必须采用西法炼铁。1915 年，丁文江调查了云南东川铜矿。丁文江于 1919 年调查江西萍乡县上株岭铁矿时，著有短文。丁文江还调查过四川会理立马河镍矿、北京昌平西湖村锰矿。

丁文江在人种学、人类学上也颇有建树。翁文灏曾经说过地质调查除了"根究地下的富藏，追寻玄古的历史"之外，"对于所经地方的山川形势、人情物产种种都有研究的价值"①，而且往往与石头有关。这一点用在丁文江身上再合适不过了，他在地质调查过程中除了关注地质和矿产外，对于人类学和人种学等也相当感兴趣。1914 年，丁文江对云南进行调查时，研究了云南的土著人种，并对其进行了分类。② 关于中国人体质的研究成果主要体现在其论文《中国人体质之分类》中，这是丁文江最重要的人类学论文，是他和许文生教授合作的。他们搜集了 65 组人体材料进行测量，包括汉族和边疆少数民族，其中丁文江亲自测量了 14 组，约 1100 多人，主要测量了"立高"对"两臂展开宽度"的比值和"立高"对"坐高"的比值，花费半年时间对测量数据进行了严格的筛选，并且用统计方法对所掌握的材料进行计算和分析，开创了国内用数量方法研究科学的先河。结果发现，汉族和少数民族的体质确实存在显著的差别。非常遗憾的是，论文未及完成，丁文江就不幸逝世了，后来这篇文章由许文生等人继续完成，予以发表。

丁文江依据地质调查结论提出的建议对中国实业的发展做出了贡献。一方面，出于发展近代工业的需要，政府和实业机构相当重视地质调查，北洋政府时期地质调查所从行政上隶属农商部，该所的很多调查任务是农商部安排的，比如丁文江山西调查和 1914 年云南调查都是接到农商部命令才成行的。除此之外，很多矿政当局在面临实际问题时也需要地质调查的介入，因此通过地质调查得出的结论自然会对政府的决策产生影响，也必然会对与之息息相关的矿政当局产生影响，丁文江承担了诸多此类任务。尹赞勋曾经撰文说："（丁文江）所提利用西法、变更税则与

---

① 翁文灏.《西北的剖面》序［M］//翁文灏，李学通. 科学与现代化——翁文灏文存. 北京：中华书局，2009：87.

② 丁文江. 漫游散记：云南的土著人种［J］. 独立评论，1933（34）：14—20.

改良交通三项，在近二十余年中，多已次第实现。丁先生之报告，虽未能及时刊行，而当时矿政当局，或亲聆其议论，或争诵其抄本。"[①] 1915 年，丁文江根据其在云南调查过程中所掌握的资料，作《上农商总长书》，其中详细地介绍了云南的矿务情形，特别是就锡、银、铅、铁、锑等矿分别做了说明，并对矿政的改良提出了建议。黄汲清认为，由此"亦可以说明丁氏确为国家不可多得之人才"[②]。一些机构也会请他前去调查，比如 1915 年 2 月，山东峄县中兴煤矿公司发生特大煤矿漏水事故后，该公司邀请丁文江前往开展地质调查。另一方面，地质调查也离不开政府和矿政当局的支持。地质调查所需费用不菲，没有他们的支持根本无法成行。该所日常经费除了由政府拨款外，还经常得到矿政当局的财务支持，翁文灏就曾经向矿政当局募集了大量的款项。

三、丁文江地质调查的特点

第一，丁文江注重对矿产资源的调查研究。这主要是因为他是一个相当务实的人，"治世之能臣，乱世之饭桶"的自我解嘲反映出他忧国忧民的迫切心情，其笔名"宗淹"是要宗法范仲淹"先天下之忧而忧，后天下之乐而乐"精神的真实写照。面对一个贫穷落后、内外交困的国家，作为一名学者的丁文江，其社会责任感是非常强烈的，因此通过地质调查来发展工矿业成为丁文江的指导思想，他将这种思想全面地贯彻到地质调查所早期的调查工作中，因此，地质调查所早期矿产资源调查工作开展得有声

① 尹赞勋. 补刊《云南个旧附近地质矿物报告》序言［J］. 地质专报（乙种），1937（10）：2.

② 黄汲清，等. 丁文江先生地质调查报告［R］. 南京：经济部中央地质调查所，1947.

有色。丁文江本人也是这种思想的积极践行者，在他若干调查报告中总是把区域地质、矿产、矿业和矿务的记述和研究放在一起。

第二，丁文江在地质调查过程中往往贯穿多种学科，这和他本人兴趣广泛有很大的关系。他不仅是一个地质学家，而且在哲学、历史、天文学、人类学等方面造诣颇深，而且精通多种语言，还具有广阔的视野。他在开展地质调查的过程中，既包括对于地层学、区域地质学、古生物学、矿产勘探等领域的研究，也包括对于人种学和人类学的研究，并且取得了一定的成就。比如1929年西南地质大调查贯穿了地质学、矿物学、地理学、人种学及古生物学等学科，产生了广泛的影响。

第三，丁文江在地质调查时注重亲身体验。他在进行地质调查时，非常注重亲自观察，常常为了观察地形，近路不走走远路，平路不走走山路，“登山必到峰顶，移动必须步行”①，在人迹罕至之处进行艰苦跋涉已成为家常便饭。尤其是在调查矿产资源时，他往往亲自到矿井下体验。他临终前对谭家山煤矿的考察时，还坚持进入洞底考察。他的这种精神令人感动，堪称年轻人的楷模，为中国地质学者树立了实地调查的典范。

第四，对于外国专家的地质调查成果不轻易盲从。比如，德国人李希霍芬在山西考察时曾经极力宣传山西铁矿的丰富，丁文江本来深以为然，但是经过实地调查，认为平定一带的铁矿不适合开采，经济价值不大，因此撰文《有名无实的山西铁矿——新旧矿冶业的比较》，来纠正李希霍芬的错误。另外，1914年丁文江在云南调查的时候，对云南东部的地质构造进行了详细的研究，纠正了法国学者戴普拉的错误，为后来的地质调查奠定了坚

---

① 翁文灏．对于丁在君先生的追忆［J］．独立评论，1936（188）：16.

实的基础。

第五，在调查过程中能够大胆反映矿工的疾苦。地质学家在地质调查过程中往往能够接触到生活在社会底层的人民，对于他们的生活有着更为深切的了解，丁文江在调查过程中：“亲眼目睹了煤矿工人的悲惨遭遇，对他们的非人命运深表同情。”① 贫苦人民的生活状况强烈地震撼了他。丁文江曾经在《漫游散记》中写道：“背矿的工人……背矿出洞，一步一喘，十步一停。喘的声音几十步外都能听得见。头上流下的汗把眼睛闭着了，用竹片刮去，再向前挨着爬走。洞子里的温度当然比洞外高。走到洞口，浑身上下都是汗，衣服挤得下水来。凉风一吹，轻的伤风，重的得肺炎肺痨。尤其是未成年的童丁容易死亡。工人的住处叫做伙房，是一间土墙的草篷，几十个人睡在一处。我曾在银洞的伙房里睡过一夜。终夜只听见工人咳嗽的声音，此停彼起，络绎不断。我听着这种凄惨的音乐，想着在洞里听见的喘声，一直到天明，不能合眼。”② 矿工非人的生活无疑对丁文江产生了很大的触动。他在贵州调查时，对于此地的贫穷落后非常痛心，曾经作《黔民谣》感叹当地人民生活的困苦：“黔民苦！黔民苦！无可奈何生瘠土！有煤无米不能炊，有米无柴不能煮。……”③ 这些情形更加深了丁文江的社会责任感，坚定了他实业救国的决心。

第六，丁文江对于西南地区地质调查工作非常重视，多次奔赴这一地区进行地质调查。当时西南地区研究基础薄弱，交通落后，治安混乱，在中国尚有广袤的土地还未进行地质调查之前并非是最理想的调查区域。但是丁文江却对此地非常感兴趣，主要原因有如下几个方面：西南地区向来是英法等国家觊觎之地，因

① 杨钟健．杨钟健回忆录［M］．北京：地质出版社，1983：27.

② 丁文江．漫游散记：十二［J］．独立评论，1932（24）：19—20.

③ 丁文江．黔民谣［J］．独立评论，1936（196）：26.

此也成为英法等国学者关注的地区，强烈的民族责任感使得丁文江不甘心此地成为中国的学术空白；西南地区经济十分落后，通过地质调查发展该地区的经济也是丁文江的目的所在。丁文江的导师哥利格里对中国滇西地形非常感兴趣，这对丁文江影响颇大；再加上徐霞客对于西南地区的描述也使得丁文江产生了好奇，所以该地区遂成为他的重点关注对象。由于丁文江担任地质调查所所长，西南地区成为地质调查所早期工作的重点区域之一，该所曾经制订了调查西南全部地区的计划。① 根据这一规划，20世纪二三十年代该所多次组织了对西南地区的地质调查，除了丁文江领衔的这三次之外，还有1925年朱庭祜对云南西南地区的地质调查与1934—1935年尹赞勋和路兆洽对云南的地质调查。通过一系列调查，到30年代中期，地质调查所基本上完成了云南地质状况调查。这一切与丁文江个人的努力是分不开的，其"对于西南地质矿产，素极关心，其生前于川湘云贵以及广西等省，贡献特多，西南地质系统得以奠定基础者，丁师之功居多也"②。"推其动力，实由丁先生个人努力及引导。"③

四、丁文江工作态度以及工作方法探讨

（一）丁文江的工作态度

丁文江在野外调查过程中通常制订严格的工作计划。他往往采取行军式的调查方式，而不是长期驻扎在某地。比如1929年，在大规模地质调查过程中，他规定每天调查50里，当天必须完成预定的工作。同时严格要求自己，以身作则。有一次他做地质

① 翁文灏．对于丁在君先生的追忆［J］．独立评论，1936（188）：17.
② 李捷．广西罗城黄金寺门附近地质［J］．地质论评，1936，1（3）：311.
③ 尹赞勋．云南地质研究的进展［J］．地质论评，1936，1（3）：294.

剖面图，因为冬天昼短，当天并没有完成，第二天他自己又折回去完成后才与大队会合。丁文江是一个自然科学家，他的工作方式非常注重计划性。

从事野外地质调查，不仅需要实际工作能力和野外考察技能，还需要有勇于吃苦的精神。丁文江曾经说过，世界各国的地质学者都需要坚强的体魄，但是中国的野外工作条件更为艰苦，不能胜任者最好趁早改行。因此他在调查中兢兢业业，非常能吃苦。翁文灏曾经说过："在君兄快回来了。此次工作甚为出力。……其他调查员亦因有在君兄督率格外努力。有人写信来说，因见丁先生年高望重尚且如此努力惭愧从前做事草率，故而此次格外认真，可见表率之力……"① 这种身体力行、勇于吃苦的精神不但使他自己取得了骄人的科学成就，而且为年轻人起了很好的表率作用。

丁文江有时也有矫枉过正之处，他曾经对他的学生说："做地质工作的人，最好不要娶妻，以免家室之累。否则，也应迟婚；婚后以不生孩子为最好，即生孩子，愈少愈好（丁本人没有儿女）。同学们闻之，觉得不好接受。"② 这种要求不免过于严苛，不近人情，但是其中也体现出丁文江对于工作极端认真的态度，这和翁文灏所言"人就是为工作生的，不工作就是辜负此生"如出一辙，这恐怕也是他们领导的地质调查所能够成为中国近代科学事业中一颗璀璨的明珠的重要原因之一。

（二）丁文江地质调查方式方法探讨

丁文江通过实地调查获得了大量的化石、标本等，考察结束

---

① 胡适遗稿及秘藏书信［M］//宋广波．丁文江年谱．哈尔滨：黑龙江教育出版社，2009：355.

② 朱庭祜．我所知道的丁文江［M］//政协全国委员会文史资料研究委员会．文史资料选辑：第80辑．北京：文史资料出版社，1982：22.

后经过对这些化石、标本的研究才能得出科学的结论。那么他的研究分析方法是什么呢？另外丁文江在对矿产资源进行研究时，方法也不同于单纯的区域地质学方法，那么他又运用了哪些方法呢？

丁文江在进行矿产资源调查时，除了亲自下矿井进行体验之外，还要调查矿厂的历史，他采用的方法是查阅档案资料和相关记录。为了研究东川铜矿的历史，他几乎查阅了该矿所有的档案及官方和私人记录，还亲自编订了该矿自1697年以来的精确历史。

丁文江在地质调查过程中非常注重工作方法的严密性。首先，必须绘制调查路线两旁的地形图，他自己常常身兼数职，既是地质学者，又兼任地形测量员的工作。他也要求地质人员随身带着一个描图板和一副三脚架，一边前进，一边数步数，把主要的河流、村庄、山形等都描绘在图板上；此外，地质人员也要敲石头、找化石、测量地质要素，并将它们记入图中。这样繁重的工作迫使地质人员忙得不亦乐乎。①

翁文灏也多次提到丁文江工作的方法，他认为“在君先生的实地工作，不但是不辞劳苦，而且是最有方法。调查地质的人，一手拿锥打石，一手用指南针和倾斜仪以定方向测角度，而且往往须自行测量地形，绘制地图。这种方法，在君先生都一丝不苟的实行，而且教导后备青年也尽心学习”②。

丁文江对于地质图的绘制方法贡献颇大，他所绘制的正太铁路沿线地质图是中国地质学家第一次出版的地质图，后来在不断的实践中，逐渐完善了方法。尤其是在西南大调查中，他将绘制

① 黄汲清．黄汲清回忆录（未刊稿）［M］//宋广波．丁文江年谱．哈尔滨：黑龙江教育出版社，2009：348.

② 翁文灏．对于丁在君先生的追忆［J］．独立评论，1936（188）：17.

地质图的方法运用得淋漓尽致，黄汲清对于丁文江在此次调查过程中所绘之图件评价颇高，认为精确程度高，图件内容丰富多彩，称其为“成果最好”①。对于其地质填图的方法尤为称道，将其称之为“丁文江法”，黄汲清曾专门对此进行了介绍：

首先我们来看一下调查队所用的仪器，每一位地质成员都携带有：“地质罗盘 1 个（美国制 Brunton），干气压计 1 个，沸点温度仪 1 套，双筒望远镜 1 个，手携扩大镜 1 个，大槌 2 个（全队），钢钎若干个（全队），皮尺数个（全队），小钢卷尺 1 个，绘图板及附件（Sketching board）1 套（全队）。”地形测量员与地质员同时出发。地形测量员的工作是：“持绘图板，用计步法测距离，用罗盘定方位，同时瞄准路线两旁的突出山峰和明显建筑物，如庙宇、宝塔等。一边步行，一边把上述事物利用铅笔绘入自己手持的绘图板上。”地质员“必须用铝制三角架定稳，并摆正方位”。具体的操作是：“在前进中，利用罗盘瞄准前一站‘前视’中的各点，获得交叉点位，再从各点所测的仰角和俯角计算出它们的高程，从而勾画出地形线；在相当长的距离内，路线上及其两旁的‘山形水势’、村落庙宇都一一呈现图中。”地质员与测量员必须同行，地质员的主要任务是：“观察和研究露头，了解其地层及岩石性质，测量走向及倾角，找化石、采集标本，作详细的记录等。同时，也要把突出的地面特征，如河流、桥梁、庙宇等记入笔记中。”②

丁文江非常强调经纬度的测定，因为根据以上方法测制的地形图若没有三角网控制，在大面积内一定会出现很大的误差。这一任务主要由曾世英负责，他使用的仪器有：“经纬仪一套，Omega 高级不表一个，手携无线电收听仪一套，电池电灯设备一

---

①② 黄汲清，潘云唐，谢广连．丁文江选集［M］．北京：北京大学出版社，1993：9.

套，每天晚间，只要天气晴朗，曾世英必在空旷地面，安放经纬仪和收听仪，一面观测自己挑选的恒星位置，一面收听马尼拉天文台的报时，同时记录下怀表的准确时、分、秒。从这些数据即可测算出当地的经纬度……”①

丁文江作为一名出色的地质学家，在当时就已闻名遐迩，时至今日，丁文江先生在中国地质学领域开山鼻祖的地位已经得到了广泛的认可。他在地质调查领域所作的贡献不仅使中国地质学发展跻身世界前列，而且促进了中国工矿业的发展，加速了中国现代化的进程。

第四节 南京国民政府起用翁文灏、丁文江的原因分析

南京国民政府起用翁文灏、丁文江并非偶然，而是当时形势下“学者从政”的缩影。长远来看，统治阶级与知识分子的合作是一种必然现象。知识分子承载着文化传播的重任，掌握着意识形态的话语权。所以统治阶级需要知识分子认同其合法性，并为其巩固统治提供理论和舆论上的支持，南京国民政府也不例外。在常态之下，两者的合作是一个互相试探的过程，但是在非常态下，两者可能因为目标的一致而迅速接近。日本入侵正是一种非常态现象，它为知识分子与统治阶级的合作提供了契机，同时，“学者参政”在中国又有着一定的思想渊源和现实需要。

一、思想渊源

“修身齐家治国平天下”历来是中国传统知识分子遵循的价

① 黄汲清，潘云唐，谢广连．丁文江选集［M］．北京：北京大学出版社，1993：10.

值标准，因此“学而优则仕”成为他们汲汲以求的人生模式，即使那些经历过欧风美雨沐浴的现代知识分子也不例外，较之于传统知识分子而言，他们是中西合璧的产物，既深受中国传统文化的浸润，也对西方科学救国思潮深信不疑，双重文化的影响归根到底体现为中国文化中的“入世”，具体表现为积极运用所学科学知识为国家服务，这是知识分子尤其是现代知识分子选择与政府合作的思想根源。

具体来讲，民族主义思想的影响促使知识分子面对亡国之祸迅速做出反应。中国的知识分子向来有着忧国忧民的爱国主义传统，胸怀“天下兴亡，匹夫有责”的神圣使命，在国家民族存亡的危急关头，总能挺身而出，“苟利国家生死以，岂因祸福避趋之”是他们的人生准则。日本帝国主义妄图鲸吞中国的狼子野心唤起了中国知识分子强烈的民族主义情感，在民族危亡时刻，民族主义是最有效的社会动员力量，能够充分利用各种社会资源，是可以最大程度凝聚民心的一种意识形态。

二、知识分子自身的尝试

在民族主义情感的支配下，知识分子不再“两耳不闻窗外事，一心只读圣贤书”了，国家民族岌岌可危的状况使他们痛心不已，关心政治遂成为他们的自觉选择。20 世纪 30 年代，知识分子的选择更加现实，开始致力于设法使国民党统治开明化，他们希望通过自身的努力给政府决策以积极影响。《独立评论》的创刊正是这样一种尝试。

“九一八”事变之后，翁文灏、丁文江、蒋廷黻、胡适、任鸿隽、陈衡哲、吴宪、傅斯年等一批在社会上享有硕望的学者希望有一个平台能够“用负责任的言论来发表我们个人思考的结果”，希冀“唤起人心，共保国土，反对放弃华北、半壁自安的政策”①，于是《独立评论》应运而生。之后，他们纷纷撰文讨论国家政治、民族前途，针砭时弊，使得该刊成为知识分子表达对时局看法的窗口。

翁文灏、丁文江便是其中具有代表性的知识分子。彼时两人均盛名在外，作为中国地质调查事业的开拓者，两人均在地质学领域取得了卓越的成就，是享誉国际的著名学者，具有很高的社会声望，并且都是社会活动家。他们深受科学救国思想的影响，在从事地质学之初，就将地质学与国家经济建设紧密联系在一起，依托地质调查所开展了大量的地质调查。

翁文灏原本在归国之后一度“殚心学术，不问政事”，但是“九一八”事变后，目睹时局的他内心“极为震惊”，“深恐大好河山竟归破裂”，“为国家前途，忧从中来，难安寤寐”。②这种变化着实代表了当时知识分子的心路历程。《独立评论》创刊后，他在上面发表了不少政论性质的文章，主要有《从反省中求出路》《我的意见不过如此》《中国应如何应付当前的危局》《中国应如何挽救国难》《政府应以一种新精神领导全国》等，以平实、恳切的言辞来表达对国家时局的关心。

1932 年夏，在钱昌照的引荐下，翁文灏在庐山与蒋介石见面，翁文灏表示：“我一向是做地质学工作的人，不懂得政治，但是，我知道，无论什么国家都应该保全自己的领土，不能一味讲妥协。如果老是要大家忍耐，全国人心不安，国家局面将不可收拾，希望政府当局能够明确表示态度。至于具体主义，我提不出，如果要调查矿产，我可以效劳。”③ 于是翁文灏进入南京国民

①② 李学通. 翁文灏年谱［M］. 济南：山东教育出版社，2005：77.

③ 吴兆洪. 我所知道的资源委员会［M］//全国政协文史资料研究委员会工商经济组. 回忆国民党政府资源委员会. 北京：中国文史出版社，1988：67.

政府供职。

丁文江向来关心政治，提倡“专家政治”。他在《中国政治的出路》一文中指出现在政府很多工作并不尽如人意，“满口开发西北，连西北的土地面积、雨量多少都没有弄清楚；计划许多新铁路，连主要的山脉、天然的交通，都完全不理会”。因此，“先搜集事实，后提出计划。所谓建设是广义的：发展交通、水利、矿业、农业固然是建设，改革财政、军事和经济制度，又何尝不是建设。近世的行政是渐渐地技术化了。就技术方面研究行政问题，就可以有能实行的方案”。① 他还提倡新式独裁，认为在国难时刻，“唯一的希望是知识阶级联合起来，把变相的旧式专制改为比较的新式独裁”②。这种观点无疑是错误的。

翁文灏、丁文江作为当时科学界的领袖人物，均表现出了忧国忧民的情怀，这也意味着他们在必要的时候是能够与南京国民政府合作的，这也是南京国民政府向他们抛出橄榄枝的重要原因。

三、政府自身的需要

民族战争往往能够增强政府的凝聚力量。“九一八”事变后，政府需要有影响力的知识分子参与到政府决策中来，从而巩固自身的统治。

南京国民政府成立后，国民党内各派系之间斗争不断，蒋介石的地位并不稳固。“九一八”事变后民族矛盾上升为主要矛盾。1932 年，蒋介石为了加强对经济、文化、教育等部门的控制，他设法改善与知识分子的关系，积极网罗一批学者文人为其所用。

① 丁文江．中国政治的出路［J］．独立评论，1932（11）：6.
② 丁文江．再论民治与独裁［J］．独立评论，1935（137）：21.

在钱昌照的引荐下，蒋介石与大批名流学者进行了交流，并起用了很多知名学者，翁文灏、丁文江便位列其中。

综上所述，南京国民政府起用翁文灏、丁文江等知识分子是国内外各种因素共同作用的结果：从思想渊源上分析，“修齐治平”的古训以及“学而优则仕”的传统知识分子道路依然深刻地影响着现代知识分子；同时国民党内部争权夺利的斗争也使得蒋介石竭力扩充自己的政治资源，增加在政治斗争中取胜的砝码。由此，学者参政成为一种潮流，翁文灏、丁文江等一批知识分子进入政府部门。

第四章　地方政府社会调查模式之考察：以山东省政府社会调查为例

1928 年之后山东省政府成为南京国民政府治下的地方政府，但是其本身又具有特殊性，特别是在 1930—1937 年韩复榘主鲁期间，与中央政府之间的关系非常微妙。韩本人是军阀出身，地盘观念非常重，主政山东后，在其辖区内大搞独立王国。但是山东省政府毕竟是中央政府治下的地方政府，韩复榘毕竟是蒋介石任命的省政府主席，他在保证自己利益的前提下，也执行了中央政府的一系列政策、政令和法令。北伐结束后，南京国民政府开展了一系列调查，其中很多是需要地方政府配合的，山东省政府各厅承担起上传下达的任务。不仅如此，在中央政府的影响下，山东省政府基于经济建设的需要，自身也组织了调查。本章的任务正是要描述、分析 1927—1949 年国民党山东省政府社会调查总体状况，总结其基本特点，进而以点带面，呈现南京国民政府时期社会调查的全貌。

第一节　山东省政府社会调查的总体状况

一、社会调查的数量分析

笔者对于民国时期山东省政府社会调查的数量进行了统计，

统计所依据的资料主要是山东省政府的机关报刊，包括《山东公报》《山东省政府公报》《山东民国日报》《山东建设行政周报》《山东工商公报》《山东建设月刊》《山东实业公报》《山东民政公报》《山东建设半月刊》等，还包括《工商半月刊》《济南市市政月刊》《银行周报》《青岛市市政公报》《国际贸易导报》《北平特别市市政公报》《内政公报》《行政院公报》以及山东省档案馆和山东省图书馆的馆藏资料。笔者原计划根据山东省档案馆资料对于1927—1949年山东省政府社会调查公文和数量进行统计，做总量分析以及分年度比较的统计，从而分析其发展变化的规律，但是山东省档案馆资料由于历史原因缺失了部分资料，其馆藏政府调查资料主要集中在20世纪40年代后半期，30年代资料保存很少，所以如果依此计算总量，必然造成40年代政府调查畸重的情形，从而不利于问题的研究，所以笔者暂时放弃对于档案资料的统计，而是根据报刊资料予以统计分析。

表4-1　山东省政府各年调查数量表

年份	1927年	1928年	1929年	1930年	1931年	1932年	1933年	1934年	1935年	1936年	1937年	1946年	1947年	1948年
数量	1	3	43	128	6	2	12	17	6	3	2	11	10	6

通过以上统计我们可以看出，1927年、1928年社会调查数量并不多，主要原因是国民党山东省政府成立伊始，政局甫定，无暇进行全面系统的社会调查；自1929年开始，社会调查数量陡然增多，调查表、公文以及调查报告总量达到43项之多；1930年，调查总量骤升至128项之多，其中大部分是社会调查表，尤其以济南市政府发放数量为最多；1930年之后逐步下降。在此需要说明的是，笔者所依据的重要资料《济南市市政月刊》仅有1929年和1930年的，所以势必会造成这两年之下的调查数量畸多的情形，于整体的考察有不小的影响。所以笔者认为1930年

不应当成为一个下降的临界点。另外1938—1945年是山东省政府社会调查的断档期，这是由于日本入侵山东造成的。

综合考察出现以上情况的主要原因是：

1928年5月，国民党军将张宗昌、孙传芳部赶出了山东，结束了北洋军阀在山东的统治。与此同时，国民党组建了新的山东省政府，由孙良诚任省主席，同时下设秘书处、民政厅、财政厅、教育厅、建设厅、农矿厅、工商厅。孙良诚政府喊出了“革新鲁政”以及“振兴山东经济”等口号，提出了各种施政计划，但当时山东甫经战乱，民生凋敝，很多计划也只能是纸上谈兵。因此1928年调查数量非常少，比较有影响的是《历城县乡土调查录》。该调查报告是由历城县实业局局长孙宝生编写的，记录了1912—1926年历城县有关社会、典章、文物诸方面的概况。和以往的方志体例有着明显的不同，该报告主要分为概况、政务统计和结论三编，尤其是在政务统计一编中，记载了内务、财政、教育、实业、物价等五大方面的各类统计月表，展现了济南各行各业的概貌。1929年是陈调元主政时期，这一时期山东虽然实现了形式上的统一，但实际上由于各派军阀割据、政令难通，仍然处于四分五裂的状态，但是毕竟山东在形式上实现了统一，政策的推进与执行仍相对便利。山东省政府为了发展经济，开始逐步启动了一系列调查，所以该年调查数量逐渐增多。

1930年9月，中原大战结束，韩复榘掌握了山东政权，山东步入了一个相对稳定的时期，这也为工商业经济的发展提供了良好的环境。为了巩固统治，韩复榘领导的山东省政府采取了一系列有利于经济发展的积极措施，促使山东社会经济有了较大的恢复和发展，涌现出了众多商业中心，包括济南、青岛、烟台、威海、潍县、周村、济宁等。全省共有商业镇市856处，商店

13055 家，资本 137447611 元，平均每家商店资本 10528 元。①

制定经济政策首先要进行社会调查，韩复榘主鲁后不久，即令实业厅调查各商业营业状况。1935 年 4 月，当渔业发展出现危机时，韩复榘派省政府参议陈维新等三人赴渔区调查，力图找出渔业发展滞后的原因。三人通过调查发现，渔区有几处的产量较四年前减少二分之一。鉴于此，韩复榘令建设厅向民生银行利息借款，组织了渔业合作社，还多次行咨山东盐运使，请增加渔业用盐。② 省政府各部门以及各地方政府也对社会调查持积极态度。以济南市政府为例，自其成立之后便提出："振兴工商业的第一步工作，就是调查统计。""社会局负有奖励取缔工商业之责，最繁要的工作，便是调查统计。"③ 因此在 1930 年之后，调查数量逐年增多，以《工商半月刊》刊登的山东省调查为例，1931 年有 8 个调查报告，1932 年有 4 个调查报告，1933 年有 9 个调查报告，1934 年有 22 个调查报告，1935 年有 5 个调查报告。1935 年之后，整个国民经济陷入危机，山东省也不例外，工商业急剧衰退，调查数量自然也就减少。"七七"事变之后，山东大部分沦入日军之手，原有的正常经济秩序和市场遭到严重破坏，所以这一时期山东省政府几乎无暇进行社会调查，有关社会调查的公文以及开展社会调查的数量也随之减少。1945—1948 年，何思源、王耀武先后主政国民党山东省政府，此时社会调查数量开始增多，公文的数量也大大增加，这一时期仅山东省档案馆馆藏的有关山东省建设厅社会调查的公文就多达 172 项。④ 和以往不同的

---

① 巫宝三. 中国国民所得（一九三三年）：上册［M］. 上海：中华书局，1947：103—104.

② 吕伟俊. 韩复榘［M］. 济南：山东人民出版社，1985：271.

③ 济南市社会局为调查工商业告市民书［J］. 济南市市政月刊，1929，1（3）：224.

④ 笔者根据山东省档案馆目录索引统计。

是，这一时期调查内容中包含了很多关于抗战损失的调查统计以及日伪资产的调查。随着解放战争的深入，社会调查数量逐渐减少，至国民党政权垮台后结束。

由此可见，山东省政府社会调查实践与当时政治环境的变化密切相关，政局相对安定的时期，政府社会调查数量就会增多，反之，则会减少甚至无暇顾及调查。

二、社会调查的类型及方式

（一）调查的分类

如若采用李章鹏在其博士论文《现代社会调查在中国的兴起：1897—1937》中提出的“型式”① 概念，按照其对于型式的分类方式，山东省政府社会调查和国民党中央政府社会调查一样，均属于一般的统计调查，但是又有其政府调查的独特性，这种调查的特点是实施调查的主体一般是政府机关；从事调查的目的是为了对问题有大致的了解，不需要有高深的解释；调查结果主要是事实的罗列；调查需要几个过程，即：计划、制表、发放调查表、回收、统计、编制调查报告；调查主要分为上行调查、平行调查、下行调查。通过查阅档案可以发现，由于政治上的上下级关系的原因，平行调查和下行调查比较常见，而上行调查几乎没有。下面笔者对于山东省政府社会调查的方式进行介绍。

第一种是遵照国民党中央政府的指示开展的调查，属于下行调查的范畴。如前文所述，国民党中央政府主持了大量的社会调查，调查所依赖的重要力量就是省级政府。比如 1933 年实业部

① 第一章中已提到过该概念，即以调查的目的、套路，调查与相关学术的关系等作为一个综合的指标来区分社会调查，凡是符合一定的调查目的、套路和学术规范的调查均可归属于某种型式。

令山东省实业厅调查全省各棉区产棉情况；1935 年山东省民政厅根据内政部令要求全省各市县调查填报土地行政现状调查表；1936 年中央实业部要求山东省建设厅配合调查农场情况。这些均属于下行调查，一般带有行政命令的色彩，因此山东省政府各职能部门一般都能够积极配合，转饬地方政府积极调查。当然在实际过程中也有拖延现象发生，比如 1932 年实业部发表通令各省调查棉产情形，限期一个月，但是山东省建设厅出现了拖沓现象，没有如期上交。实业部为此再发训令催交："本部为调查二十一年份全国棉产情形，于上年十一月间令发表式，饬即遵照遴派妥员前往各棉区实际查填，限文到一个月内汇报，以便考核在案。现浙江、湖南、江西等省均已遵限报部，惟尚未据该厅呈报前来。该县棉产调查亟待统计，未便久延，合行令仰该厅遵照转饬，讯行查填，克期报部，实为至要。"①

第二种是山东省政府各职能部门自行组织的调查。这种调查一般也属于下行调查的范畴，多数是职能部门为了自己具体行政工作的需要而进行的调查。比如山东省建设厅、山东省实业厅为了经济建设的需要在省内组织了大量有关工商业的调查；山东省建设厅在全省组织了特产调查；② 山东省实业厅第三科负责进行地质调查及矿床探定、矿区勘定及地质分析，并对山东矿产资源进行了持续调查，连续编制了《山东矿业报告》。此外，山东省实业厅为复兴农村进行了一系列调查，其中包括对于灌溉农田之井、历年雨量以及各县河流水量的调查，为实施复兴农村计划提

---

① 山东省实业厅关于调查全省棉产情形呈［A］//中华民国史档案资料汇编：第 5 辑．南京：江苏古籍出版社，1994：546.

② 山东省档案馆．关于寄附山东省各种特产调查报告函［A］．档案号：J115－03－0039－019.

供统计数据。①

第三种是平行机关组织的调查。一些政府机关由于各自工作的需要，会请相关单位协助进行调查，比如全国经济委员会蚕丝改良委员会函请山东省建设厅帮助调查省内蚕丝状况。蚕丝改良委员会尽管属于国民党中央机关，但是它和建设厅是一个级别，属于平行机关之间的相互协助调查，这种情况一般都有统一的调查表格，而省政府职能部门一般都是将这类表格转发到相关地方部门进行调查并填写。

需要注意的是，由于本章研究的是山东省政府的社会调查，因此有必要将其与当时山东省政府的行政建制结合起来。笔者以政局相对稳定的韩复榘时期为例，当时省政府下设建设厅、教育厅、财政厅、民政厅四厅，由于工作性质的不同，四厅对于社会调查的重视程度也就不同，其中建设厅对于社会调查最为重视。

至于调查内容，每一时期各有不同。笔者根据调查统计发现，韩复榘主鲁期间社会相对稳定，韩本人又比较重视发展经济、文化事业，所以当时社会调查主要集中在工商业调查和文教调查两方面，当时山东省实业厅和山东省建设厅相继出版了一系列调查报告，比如《山东矿业报告》《山东农林报告》《山东棉业调查报告》《山东工商报告》等，这些报告均建立在调查研究的基础上，对于我们研究民国时期山东的经济状况颇有价值。抗战胜利之后，山东省政府社会调查的内容有所变化，除了继续进行经济文教事业调查之外，还增加了对日伪资产以及抗战损失的调查。

（二）调查的方式

调查方式分为直接调查和间接调查两种。所谓间接调查，即

---

① 行政院农村复兴委员会秘书处. 一年来复兴农村政策之实施状况［M］. 南京：行政院农村复兴委员会秘书处，1934：98.

由省政府职能部门制定统一的调查表，然后将调查表下发给地方政府，令其填好之后上交。这种方式操作简单，“如行施严密，亦可收事半功倍之效”①，因此使用频率比较高，但是调查结果的真伪取决于各地方政府的工作态度，所以无法保证调查的真实性。山东省政府大部分调查都是采用的这种方式，比如山东省建设厅 1929 年要求 107 县县长将道路状况调查表按照指示详查填报并按表列各路绘入图内上交。1930 年，山东省建设厅拟定了山东全省各县状况调查表、山东各县清水洼调查表、山东各县市镇调查表、山东各县内河或临湖码头调查表、山东各县泉眼调查表等下发到各县或相关部门，要求填好后上交。山东省内各地方政府也是如此，1929 年济南市政府秘书处、工务局、社会局、公安局、财政局均发放了调查表，仅社会局发放的调查表就有 9 个，包括济南各区娼妓统计表、济南书店统计表、农村户口概况调查表式、农作物调查表式、农民副业调查表式、农具调查表式、村民组织调查表式、农民借贷概况调查表式、每月粮食调查表。济南市政府在进行工商业调查时，也采用了间接调查的方式，“本市工厂林立，商店栉比，若派调查员分至各工厂商店调查并填写，既费时间，又耗公帑，故而借财政局办营业登记时，分散各种表格，请你们自己代填一下”②。

直接调查，即委派调查员调查。这种调查方式的成本比较高，因此使用频率不高，“调查方法，不外直接及委托两种，直接调查，收效最著，然每以经费所困，故不得不借委托方法以代之”③。但是遇到重大问题还是会委派调查人员调查，比如济南市政府在成立之后开始调查全市金融状况，就是采用的直接调查，“现已制定表

①③ 济南市政府市政计划大纲［J］. 济南市市政月刊，1929，1（1）：16.
② 济南市社会局为调查工商业告市民书［J］. 济南市市政月刊，1929，1（3）：224.

册，派定专员，分别调查，拟在两周内调查完毕”①。一般情况下调查工作是由职能部门的工作人员担任，很少有专门的调查员，“（济南市政府）社会局为初创机关，直接调查，为急不容缓之事，当相继添设调查员，其经费另规划之，在未添设前，应先抽派本局工作人员，暂行担任调查工作。此外尚拟组织农工商调查委员会，委员均为义务职，聘农工商学专家及富有经验、资望素高者任之”②。济南市政府社会局在开展工商业调查时采用的也是直接调查。彼时直接调查面临的最大问题就是选取专门调查员比较困难，目前尚未找到山东省政府设立专门培养调查员相关机构的资料，可见调查方式的选取受到社会条件的限制。

三、社会调查的主要特征

（一）政府社会调查与社会行政、社会服务、社会改良密切相关

首先谈谈政府社会调查对社会行政、社会服务、社会改良的影响。社会调查对社会工作的影响可以分为以下几个方面：

第一，为市政建设服务。

社会调查在城市整体规划方面发挥了作用，“市政建设，贵有科学的设计，而设计必根据于客观的事实。此客观的事实胥由精密的调查统计得来，故调查与统计实为市政初步的工作，盖各市均有其特殊情形，必须明了当地之社会状况、经济生活，及其交通形势，而后设计方有基础”③。以济南市为例，该市成立之初就将社会调查作为济南城市建设的重要依据，“现在我们对于济南市的设计，首先要问，什么是最需要的？这不能不用一番调查

① 阮肇昌．建设新济南整个计划［J］．济南市市政月刊，1929，1（2）：5.
② 济南市政府市政计划大纲［J］．济南市市政月刊，1929，1（1）：16.
③ 济南市政府市政计划大纲［J］．济南市市政月刊，1929，1（1）：1.

统计的工夫，然后再分析整理”①。市政府进行新市规划之前，首先对于交通状况、经济状况、人民住所状况进行调查，为新市的建设做准备，“调查测量既已竣事，然后通盘筹划着手于第二步之设计工作”②。

第二，为具体的行政工作服务。

政府进行社会调查旨在为政策的实施提供数字化的依据，中央政府如此，地方政府亦是如此。山东省政府成立之后，面对的是北洋军阀统治时期留下的烂摊子，如何发展工商业来开辟财源成为新政府首先要解决的重要问题。在这种情况下，社会调查作为不可或缺的工作也提上了日程。山东省政府各职能部门踊跃开展调查，尤其是承担着建设任务的实业厅、建设厅等，组织了大量的社会调查，另外教育厅也进行了相当数量的调查，这些调查为工商业建设以及文化建设提供了依据。1934 年，山东省建设厅委派技士李象震、滑建山调查山东黄河沿岸沙碱地，调查后编制了《山东黄河沿岸虹吸淤田工程初步计划调查表》，共列 27 表，说明各处沙碱地之位置、面积、地势、成因沿革、引河、泄水道、村庄、土地、工程费用、效益等，并附各沙碱地略图 20 幅。经统计，全省沿黄两岸共有沙地 116.24 万亩，盐碱地 48.54 万亩。③ 其认为选择适宜的地点，安装虹吸管，引黄淤灌，可使荒沙地、盐卤地变成良田。根据调查结果，在历城王家梨行、齐东、青城交界处马闸子各设二十一寸虹吸管一组，齐河红庙设十八寸虹吸管一组，蒲台王旺庄设十五寸虹吸管一组。马闸子仅放淤十天，其附近淤成之地已达一千余亩，淤厚约为八寸。不毛之

① 阮肇昌. 怎样建设新济南市［J］. 济南市市政月刊，1929，1（1）：3.

② 阮肇昌. 建设新济南整个计划［J］. 济南市市政月刊，1929，1（2）：7.

③ 黄河水利委员会. 民国黄河大事记［M］. 济南：黄河水利出版社，2004：70.

地成麦田，这是引黄淤灌的效果。①

在省政府的影响下，各地方政府也将调查纳入到政府工作的轨道。以济南市为例，该市市政府将调查列为制定政策的必须工作，比如农业方面，为了发展农业、复兴农村进行了大量的调查工作，“查农民生活如何改良，农产物品如何检验，以及农村组织如何革新，关系本市繁荣者，至为重大。现拟在最短期内，调查竣事”②。市政府在调查过程中采用直接调查法，并且将调查结果与政策制定紧密联系在一起，“本市为改良农具改进农业生产起见，曾制备农具调查表，派员分赴市郊各乡村实地调查，以为改良之标准。现已将调查所得，分别其构造、效率、价值、制造地等，填制成表，俾便研究”③。

除此之外，社会调查也是地方政府控制社会的一种手段，尤以人口调查和土地调查最为显著。“本市过去每区仅派警察两名担任调查户口，故数年来毫无成绩。自市府成立后，认为调查户口，系市政开始第一步工作，已制定极完密调查表，交公安局执行。”④ 山东省政府曾在 1935 年奉令调查山东土地状况，尽管是奉中央令调查，但是也达到了控制社会的目的。1936 年，内政部请山东省政府协助调查山东省土地行政状况，并附有土地行政状况调查清单，共包括主管地政机关、土地陈报、土地征收三大项。1929 年济南市八大工厂调查也是如此，鉴于当时北平、天津、青岛罢工现象严重，为了避免济南受影响，对济南工厂进行了调查。“济南为津浦、胶济两路之中枢，大小工厂设立若林，各业工人更不可以数计；万一为工潮所染，殊非地方之福。本局

① 梁祖灵，张星华．中国土地管理史［M］．天津：天津人民出版社，1996：430.
② 阮肇昌．建设新济南整个计划［J］．济南市市政月刊，1929，1（2）：3.
③ 工作报告［J］．济南市市政月刊，1930，2（2）：124—125.
④ 阮肇昌．建设新济南整个计划［J］．济南市市政月刊，1929，1（2）：4.

有鉴于斯，爰将本市之较大工厂，先加以概括之调查，以资参考。一面则编制图表，分门别类，详加调查，俾将所得实际状况汇总统计，以为改善监督之标准也。"① 这次调查就具有明显的社会控制作用。

山东省政府职能部门已经将调查工作的视野延伸到国外，并以此作为制定政策的参照，这对振兴山东经济起到了一定作用。比如早在1929年《山东工商公报》就刊登了大量的关于国外经济状况的调查，像《日本去年对外贸易及中日贸易额之统计》《各国金解禁时期调查》等，"知己知彼，百战不殆"，通过对国外情况的调查从而为国内经济发展提供参考不失为一种较好的方式。

第三，为具体的社会服务项目做准备。

所谓社会服务，从狭义的角度讲，就是直接为改善和发展社会成员生活福利而提供的服务。社会服务内容丰富，涵盖衣、食、住、行、用等各个方面，具体到社会调查，比较典型的是为救灾赈灾所开展的调查以及慈善事业调查。灾情发生之后，政府必须首先调查受灾的面积、范围、程度、受灾人口、经济损失以及由此带来的社会问题等，然后根据调查资料来决定如何救济灾民，如何将灾难损失降到最低。灾难救济最重要的特点是紧迫性，所以只能一边救济一边调查。1933年，内政部为了对全国受灾地区通盘筹划，实施救济，计划调查1928—1930年各省灾况，山东省政府积极响应，将山东省灾况上报内政部，内政部根据各省调查的材料编成了七种灾况统计。1933年，黄河中下游发生了特大水灾，山东受灾严重。水灾发生后，韩复榘派省政府参议张受謇赴鲁西灾区调查，随后由省赈济会和红卐字会共拨款六万元

① 济南市八大工厂概况［J］. 济南市市政月刊，1929，1（1）：5.

送往灾区。1935 年山东再次遭受黄河水患，这是民国以来山东最严重的一次黄河水灾，山东省政府成立了专门的救灾机构——山东黄河水灾救济委员会，该委员会通过调查，发布了《山东黄河水灾救济报告书》，根据调查结果，筹集赈款，设立收容所，以减轻灾害损失。除此之外，山东省政府已经开始关注环保问题了，并且为此开展过调查。1931 年，山东省实业厅奉实业部令，印发了益虫益鸟调查表，通令各地调查害虫天敌种类，制定了保护规章，但是囿于技术水平和社会制度，未能达到预期目的。①济南市政府在举办慈善事业之前也进行了大量的调查，因为“慈善事业完全是教养无自救力的老幼残废人，并保护贫民健康，救济贫民生计的各种设施。惟过去办理不得人，往往借慈善事业名义，实行敛钱，假公济私，黑幕重重，故须先从调查入手。……按照上列表式，实行调查各公益慈善机关，制定规程，举办注册，对于宗旨不纯正者，当严行取缔，或令其改革，或限期解散”②。通过调查，山东省政府设立了习艺所等机构，为慈善事业的开展奠定了基础。

第四，为一些特定社会组织的具体业务提供信息。

铁路系统、银行系统与政府政策的制定密切相关，其出于各自的需要，尤其是为了确定业务发展方向，也开展了一定数量的社会调查。比如胶济铁路曾经对胶济铁路沿线各市进行了调查，编辑了《胶济铁路经济调查报告汇编》③。胶济铁路沿线经济调查区域共有 2 个市（青岛、济南）、1 个特区（威海卫）、45 个县。主要的调查内容包括沿线经济调查区域内地理、人口、农

---

① 孙源正，任宝珍．山东农业害虫天敌［M］．北京：中国农业出版社，2000：4.

② 阮肇昌．怎样建设新济南市［J］．济南市市政月刊，1929，1（1）：9.

③ 胶济铁路车务处．胶济铁路经济调查报告汇编［G］．济南：胶济铁路车务处，1933.

业、矿业、商业、渔业、盐业、交通业、社会 9 个专题 41 个项目。该书主要记述了上述地区 1930 年左右的经济情况，包含了大量的调查材料，对沿途 48 个市县情况均有详细的调查报告，是研究山东东部地区经济的重要参考书，对研究抗战前胶济铁路沿线经济状况具有较高的历史价值。20 世纪 30 年代，济南中国银行（以下简称济行）开展了针对农村合作社的贷款业务以促进农村经济的发展。为了确保贷款质量，在每次贷款前后，济行都要对贷款的合作社进行调查，以甄别其健全与否，是否符合贷款条件。“调查事项不厌其烦，总以实际调查，得了解真实的内容，以改善合作社病态，渐趋组织之健全。”① 具体的调查程序是：首先，对于调查地域进行分区。将济行周边辐射的 30 县分为 4 区，每区委派一名调查员。每年共进行三次调查，第一次调查在播种贷款之后，第二次调查在间苗贷款之后，第三次调查在联合社收花之时。每次调查按照需要随时设置调查表格，主要有棉苗调查、贷款用途调查、农村经济调查、农产品成本调查、合作社调查、联合社调查、轧花厂调查、收花及运销调查、种棉调查等 20 余种表格。主要调查项目有：社务调查，主要包括社务业务账簿及社员情况、对贷款用途的认识、棉田亩数是否相符、社务委员对职务尽责程度、社员种棉技术、棉花收获数量、合作社有无不良现象等；联合社调查；收花调查，主要包括调查厂内建筑、机器设备、内部组织、每月开支、办公人员、每日收花轧花打包的数量、收花市价如何规定、运销情况及有无掺杂等问题；棉种调查；农村经济调查。农村经济调查颇为重要，主要是指贷款后调查贷款对农村经济起到的作用，主要方法是调查 24 个贷款的棉烟区各村的农业成本与经济状况，互为比较，研究分析。主要

① 许介文．三十年代济南中国银行的农贷业务［M］//济南市政协文史资料委员会．20 世纪济南文史资料文库：经济卷．济南：黄河出版社，2004：49．

包括：

农业成本调查。以农产品棉、麦、高粱、大豆、烟草为调查对比对象。生产成本包括种子、肥料、人工、畜工、赋税等开支计算，至出售所得，并包括主产品及副产物的收入，计算以收支比例得出盈亏数字，即可显示农村中以耕种何项农业更为有益。

农村经济调查。计分7项，就放款各县之合作社社员中，用询问的方式，主要有以下几种情况：（1）一年中收成不够生活者占46.7%，一般须赖其他副业维持生活。（2）农产物未成熟前已出卖者占7.87%。（3）须贷款维持耕种者占53.92%，可见济行的贷款确实合乎农民的需要。（4）典押农田者占10.87%。（5）每亩地税捐平均0.96%。（6）佃农或半佃农占8.04%。（7）当地利率平均为月息二分三厘二毫，较以往之月息五分减轻甚多，当系济行连年贷款农村致使当地利率降低。①

第五，调查实践中已经开始关注民生。

当时济南市政府明确提出了民生的概念，并且提出要通过调查以找出问题所在从而改善民生，“民生问题，为社会问题之枢纽，民生解决，则一切社会问题，皆可迎刃而解。现拟调查市民生活状况、职业状况、社会各种病态以及原有救济机关之现状，以探索其因果关系，并促其改善”。在这种思想的指导下，济南市政府提出了主要调查项目，分别是：调查公益慈善团体、调查贫民生活状况、调查市民职业状况、调查市民失业状况、调查家庭副业状况、调查社会各种病态、筹设贫民习艺所、筹设救济院、筹设职工介绍所、管理民食、编制生活费指数表。② 当然，其并非真正关心人民，而是为了稳固其统治。

---

① 许介文. 三十年代济南中国银行的农贷业务［M］//济南市政协文史资料委员会. 20世纪济南文史资料文库：经济卷. 济南：黄河出版社，2004：49.

② 济南市政府市政计划大纲［J］. 济南市市政月刊，1929，1（1）：17—18.

政府对于社会风气调查也颇为重视，济南市政府成立伊始就开始对于娼妓问题进行调查，“关于调查娼妓户数及人数，已调查竣事。现第一步着手严厉取缔暗娼；第二步将所有明娼集中于指定区域，再设法管理，令其自动改业”①。

下面，笔者再谈谈社会行政、社会服务、社会改良等对社会调查的影响。

政府社会调查是应社会需要而生的。关于此点，在本节前段的有关论述中已经提及，正是因为社会的需要或者说政府社会工作的需要才催生了社会调查的大量涌现，才会产生社会调查的土壤，从而使社会调查的功能得以显现出来。

社会需要催生社会调查，还可以从以下几点中得到反映：

第一，本章第一节的统计分析显示，1929 年之后社会调查的数量开始骤然增多，出现这种现象的原因很复杂，但是，社会需求应是主要原因之一。

第二，当某种需求格外突出时，或某种社会问题严重化时，政府对这类问题就比较关注。比如，国民党山东省政府成立伊始，着重点放在经济建设方面，尤其是工商业的恢复与发展上，所以对于工商业调查就比较重视，这类调查自然就增多；20 世纪 30 年代农业危机加深时，农业调查数量自然就比较多。

第三，政府不是社会调查的唯一主体，很多社会团体、高校、个人等也参与了调查，山东省最为著名的社会调查机构就是梁漱溟领导的山东乡村建设研究院，该院曾经培训了大量学生，并以这些学生为主力，开展了一系列调查，目的是探索改良农村的路径。

政府各职能部门因其工作范围不同，调查对象的侧重点也有

---

① 阮肇昌．建设新济南整个计划［J］．济南市市政月刊，1929，1（2）：3．

所不同。比如建设厅，更倾向于从事各种与建设有关的调查，像水利等，建设厅成立之初就开始调查测量各河流量及各地雨量，“各河流量及各地雨量之统计为施行水利之必要工作，吾鲁几无雨量站及流量站之可言，宁非建设之极大障碍？且此等统计非数十年者不为功”①。教育厅则侧重调查各种学校的状况。

社会调查对于政府的重要功用主要体现在通过具体的数据为政府决策提供事实依据。山东省政府在韩复榘主政时期，出于发展工商业的需要，大力开展社会调查。各地方政府也以现代眼光来认识和看待社会调查，以济南市为例，该市成立后就提出了要通过调查统计来公开行政，“所谓公开行政者，即编制市政事实，举凡市行政组织、市收入支出、工作计划大纲、工程设计、工作实施程序及各项业务报告，均有极精确的记载，按期公表。务使一市之市政，在市民心中了然无惑，则市政之推行自易得市民之协助！”② 在进行城市建设计划时也将调查和统计列为必须步骤：“我们要建立新的基础，先得把过去旧账用一番整理功夫，而调查与统计实为整理必经的步凑（骤）。个人拟定办法是：在市府设立统计室，各局分任调查统计责任，把各该局范围内应调查事项，调查完毕，汇送统计室，同时由各局根据调查结果，拟定各该局作业计划书，提交设计委员会或专门委员会分别审查，再决定实施程序，……”③ 在上述思想的指导下，济南市政府秘书处、工务局、社会局、公安局、财政局均进行了相关调查，尤以社会局最为突出，我们通过其拟定的行政计划大纲可见一斑。

关于农业调查：“为谋本市区内农业发展计，应举行调查统计注册等事宜，以凭指导、取缔、改良、提倡、保护、奖励、监

① 山东省建设厅市政纲要［J］. 山东建设行政周报，1929（1）：42.
② 卷头语［J］. 济南市市政月刊，1929，1（1）.
③ 阮肇昌. 怎样建设新济南市［J］. 济南市市政月刊，1929，1（1）：4.

督；并设立补助农事机关，以扶植其发展。”主要的调查项目包括农村调查、农民经济调查、农民生活调查、农民团体调查。上述调查“拟分类制定各种详细表格，直接或委托调查之。汇集各种调查，作精密之统计，统计结果，用图表、刊物，分门别类报告之”①，主要包括：拟定农村调查报告书、农民经济调查报告书、农民生活调查报告书、农民经济调查之各种比较图表、农民生活调查之各种比较图表。

关于工业调查：“为振兴工业，涤除积弊，及防范劳资冲突计，应首先调查统计注册，然后施以改良、监督、取缔、奖励等方策。”② 主要调查内容包括：工厂调查、工人生活之调查、手工业调查、劳动工人调查、工业团体调查及统计。

关于商业调查：“吾国制造货物之原料，固遍地皆是，然代替国货之洋货，究竟如何，非详调查研究莫辨。”主要调查项目包括：金融调查、公司洋行调查、行号调查、货物调查、货价调查、度量衡调查、商业团体调查。“关于商业之取缔、奖励、保护、监督等方策，概须凭借统计，因有统计，才有全市之贸易状况也。”③

由此可见，济南市政府已经充分认识到社会调查对于社会行政的重要作用，尤其是对于制定经济建设政策方针策略的重要性。

（二）上传下达与履行自身职能的有机结合

山东省政府承担了大量上传下达的任务，为国民党中央政府的社会调查提供了有力的保证。从现存的档案资料来看，省政府担负着大量国民党中央政府的调查任务。这种角色的承担不仅保

---

① 济南市政府市政计划大纲［J］．济南市市政月刊，1929，1（1）：10.
② 济南市政府市政计划大纲［J］．济南市市政月刊，1929，1（1）：12.
③ 济南市政府市政计划大纲［J］．济南市市政月刊，1929，1（1）：14.

证了国民党中央调查任务的顺利实施，也有利于山东省政府掌握相关的资料。比如1928年国民党中央政府内政部组织的全国人口调查，内政部统一拟定了《户口调查统计规则》和调查样式表，由各省政府调查后上报，山东省政府如期完成了任务。1929年，国民政府工商部要求山东省建设厅调查工商年鉴材料，主要是工商业及劳工调查统计图表及论文，建设厅要求各县建设局如期上报。① 1929年8月1日，国民党中央第二十八次常务会议上通过了《社会调查纲要》，要求调查土地与人口、产业与商品、交通与建设、农业与农村、工业与工人、商业与商人、教育与风化、社会与公安、财政与金融、行政与司法十个方面的内容，并且下发到各省市，山东省档案馆就存有此份调查纲要。济南市政府根据国民党中央第十六次中央常务会议议决的劳工行政方针，制订了短期内举办劳工调查统计的计划，主要调查项目包括：劳工失业人数、女工与童工人数、工人待遇、工人与商店员工作时间、各业工人分配与工资比较、工人家庭状况、工厂设备、工人月入指数及生活费指数、工人死伤率及职业病、储蓄及保险方法、劳工团体组织及活动情形、劳工契约与包工制度、劳工纠纷统计及其原因。目的是通过精密的调查统计得出结论，参酌地方情形拟定具体的劳工改良计划，主要项目包括：最低工资与工作时间、女工童工工作时间及其待遇、工厂卫生法与安全设备的标准、工人补习教育与工人子弟入学办法、厂主对于劳工最低社会设施限度、减低劳工生活费具体办法、劳工失业救济办法、储蓄与保险章程、成立职业介绍所与劳工指导机关。

除了承担上传下达的任务以外，山东省政府为了满足自身行政工作的需要，还开展了大量的社会调查，前已述及，在此不再

① 训令百七县建设局仰遵照部令调查工商年鉴材料具报［J］．山东建设行政周报，1929（4）：3.

赘述。

总的来讲，山东省作为中国东部沿海省份，经济文化均比较发达，按照人文区位学的理论，社会调查数量应当位居前列，但是由于中国社会一直动荡不安，严重影响了政府社会调查事业的开展，仅在韩复榘统治时期出现过短暂高潮，之后日本侵华终止了这一进程。

第二节　以邹平实验县户口调查为例窥探政府调查方法

南京国民政府时期社会调查出现了一个新动向，即学术团体和地方政府联合组织调查。此类调查因为学术团体的参与，在技术手段上更为规范化和系统化，往往成为政府调查的范本，1934年山东邹平实验县户口调查就是此类调查的一个典范。

一、调查缘起

韩复榘主鲁时期，邀请梁漱溟、梁仲华等在山东举办山东乡村建设研究院，倡导乡村建设运动。山东乡村建设研究院自成立之始，对于社会调查就特别重视，对于学生也有此项学科的训练，曾经请燕京大学教授许仕廉、杨开道前来指导，并且成立了社会调查股。截至1935年，山东乡村建设研究院在邹平县共进行了六次调查，分别是1932年农家经济调查、1932年户口调查、1932年五庄农户调查、1933年邹平村庄概况调查、1934年户口调查、1935年农村经济及医药疾病调查。① 山东邹平县户口调查

① 张玉山. 山东乡村建设研究院社会调查工作简述［J］. 乡村建设，1935，5（4）：1.

就是由邹平实验县政府与山东乡村建设研究院合办的，“本县此次举行户口调查，系由县政府主持办理，纯属国家之一种公行为”①。所以，此次调查属于政府调查的范畴之内，因为调查组织严密，方法科学，在调查的计划、宣传、调查人员的选择以及调查的实施和结果的统计方面颇值得称道，所以具有一定的典型性。

此次调查专门设立了中枢机构——全县户口调查委员会，统一领导全县的户口调查工作，该委员会分为统计科、设计处和事务科，设计处负责调查前以及调查之中的指导工作；统计科负责调查之后的统计工作。额定委员 14 人，除县长外，其余由县政府从山东乡村建设研究院及县政府人员中聘任。为了便于指导，按照行政区划将该县 14 个乡划分为 14 个巡查区，各个巡查区内又分为若干调查区，每个调查区内设指导员 1 人，调查员 3 ~ 4 人，实施调查工作。

二、调查的主要特点

（一）调查过程注重传统社会关系与现代调查技术的结合

县政府和山东乡村建设研究院的合作本身就在调查主体上实现了传统社会关系和现代调查技术的结合，当然，县政府并不能完全代表传统社会关系，但是它能够调动传统社会关系的力量，这是政府调查较之民间调查的优势所在。

在调查过程中首先要解决如何使调查对象配合调查的问题。因为中国古代政府调查往往是为征兵、征收赋税和徭役做准备，这在很大程度上影响了人们对于近代社会调查的认识。近代社会

① 吴顾毓. 邹平实验县户口调查报告［R］. 上海：中华书局，1937：32.

调查本身就是西方的舶来品，要让人短时间内理解社会调查的意义并接受它甚至于配合它是一件很有难度的事情，所以政府在开展调查时往往会遇到很多困难，特别是涉及人口、财产状况时，时常会被人们误认为征兵、加税，往往在调查的过程中谣言四起，严重影响了调查的开展。正因如此，宣传工作在政府调查过程中显得颇为重要，要顺利地开展宣传工作，就必须借助乡村中的传统社会关系。邹平县户口调查在这一方面堪称典范，表现在以下几方面：

（1）派专人下乡，向农民宣讲调查户口的目的以及由此带来的利益，消除农民“征兵加税”的疑惑。（2）利用全县小学教育讲习会的机会，召集全体小学教师，讲明户口调查的用意。（3）利用乡间权威人士进行宣传。由县长约请全县乡理事、村理事、村长等三百余人来县聚餐，席间诚恳说明户口调查的目的，由这些乡村领袖回乡宣传。（4）由各村村长召集全村村民宣讲户口调查的意义：“户口调查立意系为民众谋好处，决无任何其他之作用。”①

通过以上我们可以看出，本次调查在宣传工作中充分运用了传统社会关系：一方面，借重乡间权威人士——绅士阶层及乡间事务的领导者，并且通过聚餐的方式来说明调查事项，符合中国传统礼仪，因此能够达到事半功倍的效果；另一方面，采用了宣传最为有效的方式——直接宣传法，由村长召集全村村民宣讲调查目的，以打消群众的顾虑。这些都是符合当时社会条件的最为理想的宣传手段。另外，邹平是山东乡村建设研究院所在地，本身就有良好的群众基础，因此也就在一定程度上降低了调查推行的难度。

---

① 吴顾毓．邹平实验县户口调查报告［R］．上海：中华书局，1937：87.

调查采用直接调查法，即挨户调查，通常是选取一定的区域，委派调查员挨户自行询问填表，事后组织专业人员进行复查，然后根据调查材料进行统计。这种方式对调查人员的素质提出了更高的要求。

下面笔者通过研究本次户口调查的程序来探讨现代调查技术的运用。

户口调查的程序为：（1）成立全县户口调查委员会，作为领导全县户口调查的中枢机构。（2）拟定工作计划大纲。（3）制定调查表格。（4）划分调查区域及分配调查员额。（5）聘定及委定各项工作人员。（6）训练调查人员。（7）宣传调查的意义。（8）编贴全县各村门牌。（9）实施调查。（10）进行统计。从以上实施调查的步骤可以看到现代技术手段在每一步具体调查实施过程中的运用，比如在调查的程序上，首先确定调查区、调查日程、调查路线，之后即通知各村庄长及其他首事人等，请其转达该村各户户主，务必于调查时留家听候查问。同时，由村长按照调查委员会计划处的要求张贴门牌，以避免重复调查。调查员到达各村后，由本村小学教员约请村间邻长担任乡导，挨户调查。每户调查完毕后，即在该户门上用粉笔画一记号，避免重复。晚上返回住所，调查员先自行审查表格，再交指导员审查，如有错误，必须重填。最后，指导员再在“无误”表格中，每15户抽查一户，以为检验。① 在以上程序中，有审查、抽查，非常严谨，已经具备了现代调查的特点。

除此之外，调查表格及统计学方法的应用，更凸显了现代调查技术的作用。调查表格在项目设计上比较简化，主要包括：户主或户主关系、姓名、性别、年龄、属相、推得实际年龄、居住

① 吴顾毓．邹平实验县户口调查报告［R］．上海：中华书局，1937：41—42．

年数、籍贯、婚否、初婚年龄、婚姻状况、子女、职业、教育、宗教、曾否入国民党、有无何种残疾、本户居住年数、本户有田亩数、院内或田内有几口井。①

在数据处理上相对科学化，调查结果以统计表、统计图以及文字材料的形式呈现出来，共有132个统计表，并且依据统计表制成了统计图，主要分为：柱形图，比如《邹平法定人口未婚男女年龄分配百分比比较图》；扇形图，比如《邹平法定人口婚姻状况百分比比较图》；折线图，比如邹平法定各年龄组性比例图，更加形象直观地表现出调查的结果，并且依据调查统计材料，完成了《邹平人口之分析》一文。

（二）在人员的选取以及培训上较为规范

本次调查对于人员的选择和培训更加重视，也更加规范。在人员的选择上抛弃了以往选取警察系统和乡村自治系统人员来担任调查员的模式，而是由学校教职员和学生来承担这一任务，这就解决了以往调查员文化水平不高的问题，也为直接调查的顺利推行提供了保障。巡查员由简易乡村师范校长和山东乡村建设研究院训练部下乡指导实习教员担任；指导员由简易乡村师范教员和山东乡村建设研究院训练部学生担任；调查员由简易乡村师范全体学生和山东乡村建设研究院训练部学生担任。另外，各个巡查区设置联络员和乡导若干人，以协助巡查员、指导员、调查员进行调查。联络员由联乡会会员担任，乡导分别由村长、村理事、闾邻长、村小学教员担任。

为了保证调查的顺利完成，全县户口调查委员会对调查人员进行了严格的培训，主要包括课室训练和户口试查两部分。课室训练是由全县户口调查委员会派员轮流授课，主要内容分为入乡

---

① 吴顾毓. 邹平实验县户口调查报告［R］. 上海：中华书局，1937：38.

经验谈、全县户口调查委员会之组织与调查员之职责、调查户口须知三部分。户口试查则是在课室训练结束之后正式调查之前，全县户口调查委员会选取附近乡村进行试查。为了保证调查人员的质量，全县户口调查委员会在训练期满后，还会举行考试，淘汰那些成绩不佳的受训者。

值得注意的是，以在校师生为调查主体，采用直接调查法进行调查，在实际操作层面上存在着一定的困难。在一个普遍文化层次不高的社会里，召集数量众多的调查员本身就是一个难题，而且他们大多属于兼职，无法完成太过繁重的工作，但是直接调查法又是一项极其耗费人力物力的工作，“必须无数之调查员同时执行调查工作”，以致“在我国内地及边境之各县采用此项方法，将感缺乏调查员之困难”。①

总体而言，国民党山东省政府成立之后，在社会调查工作方面取得了一些进展，尽管山东省政府自身的腐败无能使得不少调查流于形式，但多少还是收到了一些实效。

① 陈华寅．人口调查方法［J］．统计月报，1934（15）：16．

结　语

一、南京国民政府社会调查的经验

只有被调查的社会处于一个良好的运行状态中，社会调查才能取得圆满的结果。“统计机构、人员及制度在当时并不是单独发挥作用的，它只是整个国家和政府体制的一部分，受整体环境和宏观体制的制约。在此一宏观层面，当时国内形势的动荡、政权内部的矛盾斗争和腐败、艰苦卓绝的抗日战争等因素都对调查统计工作的有效开展构成了非常不利的影响。”① 这些因素不但使当时当地的调查统计工作困难重重，而且已经波及我们目前对政府调查统计资料的利用，既要重视也要谨慎对待是我们所应持的基本态度。我们通过上文已经可以看出，南京国民政府时期远未达到这种状态，当时中央政府的控制权限和能力有限，一些调查报告中所谓的“全国”，常常并未包含全部省份。政府效率低下，社会动荡不安，调查工作困难重重。由此可见，社会组织的良性运转是进行社会建设的基本条件。

---

① 马敏，陆汉文．民国时期政府统计工作与统计资料述论［J］．华中师范大学学报（人文社会科学版），2005（6）：126.

政府只有建立完善的调查统计组织，才能使调查统计工作规范有序。调查统计组织是政府推行调查工作的重要载体，也是决定调查统计质量的关键因素。南京国民政府在调查组织结构的完善方面煞费苦心，各种调查组织竞相建立，并且成立了调查统计总机关主计处统计局，但是效果不佳，重复调查、浪费资源的现象依然层出不穷，根本原因是政府腐败无能，官僚主义严重，各机关缺乏有效的沟通和交流，作为总机关的主计处统计局作用发挥不明显。因而，只有逐步实现调查系统之超然性，才能避免政出多门，达到资源的合理有效配备。

政府只有加强调查工作与民间调查工作之联络，才能集思广益。南京国民政府社会调查与民间社会调查相辅相成，共同促进了20世纪二三十年代社会调查事业的蓬勃发展。两者在调查理论以及方法的运用上存在着诸多相通之处，但是两者还存在明显的不同。南京国民政府调查活动的政治性和目的性比较强，调查视角比较宏观，多数是关系国计民生的重大问题，比如土地、人口、农业、商业、经济、教育等，目的是为了缓和阶级矛盾、巩固自身统治；而个人、团体和民间的社会调查一般都是微观层面的调查，主要目的是发现社会问题并促进社会问题的解决。其调查政治性不强，调查结果也未必就能作为政府施政的参考，但其是中国早期社会调查的生力军，为政府调查提供了科学的典范，对中国社会调查事业意义非凡。

政府只有注重调查人员的素质并加以培训，才能为调查工作提供保证。“调查员的工作，是全国总调查的基本工作，全国调查的真确不真确，完全在每位调查员尽职不尽职。”① 因此调查人员的素质至关重要。南京国民政府在调查员选拔上并没有形成一套明确的制度，加之当时人们的知识水平普遍比较低，所以调查

① 国民政府主计处统计局．农业调查员须知［J］．统计月报，1932（1/2）：7．

员的整体素养并不高，这极大地影响了调查工作的准确性。

只有进一步加强对于调查结果的利用，才能从最大程度上实现社会调查的目的。在保证调查结果真实性的基础上，进一步强化政策制定与调查之间的关系。

二、南京国民政府社会调查的作用

第一，南京国民政府首次建立了比较完整的调查统计体系和制度。政府社会调查旨在周知国势民情，以此作为政府施政之参考和社会各界决策之借鉴。南京国民政府自成立以来，逐步制定和实施了大量的调查统计法规，设置和完善了调查机构和人员，规范和统一了调查方法，从而为政府社会调查的推行奠定了较为坚实的制度基础。这些从中观层面上为政府调查结果的准确性提供了保障。

第二，南京国民政府社会调查推动了民间社会调查的发展。尽管政府社会调查是受民间社会调查的影响而逐步开展的，但是在发展过程中，大有后来居上之势，在调查规模、数量等方面均超越了民间调查，并且通过社会调查“机关化”，接收了一些民间调查机构，使得社会调查在中国逐渐发展成一场“学术革命”和“社会运动”。

三、南京国民政府社会调查的启示

毋庸置疑，现代社会调查是一种科学的认识方法和研究方法，属于欧美等国的舶来品。当中国高呼着“德先生”和“赛先生”的口号群情激昂地向现代化迈进时，所有一切标有“科学”符号的事物都可以拿来尝试，崇尚科学在当时蔚然成风。“把科学方法运用于社会实践和各种知识领域是现代经济体系和民族—

国家建构的基本需求，它的核心逻辑在于：科学的发现、科学对于工业的促进、科学对于现代化的意义依赖于相应的政治、社会和文化体制。当一个社会进入现代化的竞争轨道时，按照科学的模式重构国家、社会、伦理、文化和语言就成为这一进程的具体议程。”①

值得注意的是，在同一时期，中国共产党也开展了大量的社会调查研究。

毛泽东一向重视调查研究，他曾经提出了“没有调查，就没有发言权”② 的著名论断，吹响了共产党人开展社会调查的号角，明确指出了调查的必要性：“你对于那个问题不能解决吗？那么你就去调查那个问题的现状和它的历史吧！你完完全全调查明白了，你对那个问题就有解决的办法了。”他的调查研究方法成为中国共产党的基本工作方法，邓小平坚持并发扬了这一传统，也非常重视调查研究。他指出：“先作调查研究，然后才有发言权。开会也好，作决议也好，搞文件也好，都要从实际出发，提出问题，总结经验，制定方针政策，这就是实事求是。”③ 中国共产党人将社会调查视为科学的工作方法而大力提倡，此举表明了社会调查作为一种科学方法已经深入人心，也昭示着中国仁人志士在探索现代化的道路上开始注重研究本国的实际，这是由传统向现代转型的重要举措。由此可见，社会调查也是社会革命的重要载体，为中国革命的胜利做出了巨大贡献。

时隔多年，当社会调查已经变成一种常规的研究方法时，我

---

① 汪晖．现代中国思想的兴起：下卷第2部［M］．北京：生活·读书·新知三联书店，2004：1146—1147.

② 毛泽东．反对本本主义［M］//毛泽东选集：第1卷．北京：人民出版社，1991：109.

③ 邓小平．实事求是是毛泽东思想的根本观点［M］//中共中央文献研究室，中国军事科学院．邓小平军事文集：第3卷．北京：军事科学出版社，2004：107.

们可能对于上个世纪的社会调查运动不以为然，但是正如阎明所说："对中国这样一个长期注重'精英文化'的国家而言，实地社会调查的意义非同小可。它决不仅仅在于描述某些社会现象，获得具体的统计数字，从而认识社会事实。当然，以实地调查反映当时的社会风貌，这本身已经为后人留下了极有价值的财富。社会学者主张，以社会调查为依据，自下而上，一点一滴地实行社会改革。他们强调，社会调查不是纯为研究理论，求得知识，只'为调查而调查'，把调查的材料整齐地编写了，漂亮地装订了，然后陈列在图书馆内，供少数人欣赏。在他们看来，社会调查的目标，就是要使人们根据调查的结果，改善实际生活，解决社会问题，增进人类幸福。"① 社会调查正是这样一种尝试。

但是，南京国民政府终究是代表大地主大资产阶级利益的反动政权，它所进行的社会调查并不能让中国真正走上富强的道路。我们要充分认识到这一点。

---

① 阎明．一门学科与一个时代：社会学在中国［M］．北京：清华大学出版社，2004：74．

主要参考文献

一、档案类

程玉凤，程玉凰．资源委员会档案史料初编［A］．台北：“国史馆”，1984.

中国第二历史档案馆．中华民国史档案资料汇编：第 5 辑［A］．南京：江苏古籍出版社，1994.

二、文献资料

陈真．中国近代工业史资料：第 3 辑［M］．北京：生活·读书·新知三联书店，1961.

秦孝仪．革命文献（第 71 辑）：抗战前国家建设史料——内政方面［M］．台北：“中央”文物供应社，1977.

秦孝仪．革命文献（第 75 辑）：抗战前国家建设史料——实业方面［M］．台北：“中央”文物供应社，1978.

政协全国委员会文史资料研究委员会．文史资料选辑：第 80 辑［M］．北京：文史资料出版社，1982.

荣孟源，孙彩霞. 中国国民党历次代表大会及中央全会资料［M］. 北京：光明日报出版社，1985.

中国人民政治协商会议江苏省泰兴县文史资料研究委员会. 泰兴文史资料：第4辑［M］. 泰兴：中国人民政治协商会议江苏省泰兴县文史资料研究委员会，1987.

全国政协文史资料研究委员会工商经济组. 回忆国民党政府资源委员会［M］. 北京：中国文史出版社，1988.

李障天，阎象吉. 淄博经济史料［M］. 北京：中国文史出版社，1990.

句容县地方志编纂委员会. 句容县志［M］. 南京：江苏人民出版社，1994.

句容市土地志编纂委员会. 句容市土地志［M］. 南京：江苏人民出版社，1999.

蔡鸿源. 民国法规集成［M］. 合肥：黄山书社，1999.

济南市政协文史资料委员会. 20世纪济南文史资料文库：经济卷［M］. 济南：黄河出版社，2004.

李文海，夏明方，黄兴涛. 民国时期社会调查丛编：文教事业卷［M］. 福州：福建教育出版社，2004.

三、民国期刊

地学杂志［J］，1912，3（3/4）.

科学［J］，1915，1（1）—1949，31（5）.

地质专报（甲种）［J］，1920（1）—1947（21）.

地质专报（乙种）［J］，1919（1）—1937（10）.

现代评论［J］，1924，1（1）—1928，8（209）.

社会学界［J］，1927（1）.

统计月报［J］，1929，1（1）—1948（135）.
铁道公报［J］，1929.
山东建设行政周报［J］，1929，1（1）—1929，1（4）.
济南市市政月刊［J］，1929，1（1）—1930，2（1）.
汉市市政公报［J］，1929，1（1）.
新汉口月刊［J］，1931，2（8）.
工商半月刊［J］，1931，3（3）.
华年［J］，1932，1（13）.
独立评论［J］，1932（1）—1937（244）.
金陵学报［J］，1932，2（1）.
清华周刊［J］，1932，38（7/8）.
银行周报［J］，1932，16（47）.
实业统计［J］，1933，1（1）—1936，4（1）.
政治成绩统计［J］，1934（5）.
生力月刊［J］，1935（1）.
统计季报［J］，1935（2）.
国闻周报［J］，1935，12（14）.
内政统计季刊［J］，1936（1）.
地质论评［J］，1936，1（1）—1949，14（4/5/6）.
山东建设半月刊［J］，1936，1（14）.
社会科学［J］，1937，2（3）.
军事杂志［J］，1937（98）.
资源委员会月刊［J］，1939，1（1）.
服务月刊［J］，1939，2（3/4）.
时代精神［J］，1941，3（4）.
新经济半月刊［J］，1943，9（9）.
读书与出版［J］，1947，2（8）—1948，3（3）.

四、著作

（一）经典著作

中共中央编译局．马克思恩格斯全集：第12卷［M］．北京：人民出版社，1962.

中共中央文献研究室．毛泽东农村调查文集［M］．北京：人民出版社，1982.

毛泽东．毛泽东选集：第1卷［M］．北京：人民出版社，1991.

邓小平．邓小平文选：第3卷［M］．北京：人民出版社，1993.

中共中央文献研究室，中国军事科学院．邓小平军事文集［M］．北京：军事科学出版社，2004.

（二）民国著作

地质调查所．地质调查所沿革事略［M］．北京：地质调查所，1922.

蔡毓骢．社会调查之原理及方法［M］．上海：北新书局，1927.

冯锐．乡村社会调查大纲［M］．北平：中华平民教育促进会，1929.

内政部统计司．民国十七年户口调查统计报告［R］．南京：京华印书馆，1931.

施裕寿，刘心铨．山东中兴煤矿工人调查［R］．北平：社会调查所，1932.

言心哲．社会调查大纲［M］．上海：中华书局，1933.

李景汉．实地社会调查方法［M］．北平：星云堂书店，1933.

陈长蘅. 统计论丛［M］. 上海：黎明书局，1934.

张心一，等. 试办句容县人口农业总调查报告［R］. 南京：参谋本部国防设计委员会，1934.

闻钧天. 中国保甲制度［M］. 上海：商务印书馆，1935.

国民政府主计处统计局. 中华民国统计提要（二十四年）［M］. 上海：商务印书馆，1936.

卜凯. 中国农家经济［M］. 张履鸾，译. 上海：商务印书馆，1936.

吴顾毓. 邹平实验县户口调查报告［R］. 上海：中华书局，1937.

章鸿钊. 中国地质学发展小史［M］. 上海：商务印书馆，1937.

刘大钧. 中国工业调查报告［R］. 南京：中国经济统计研究所，1937.

国立清华大学国情普查研究所. 云南呈贡县人口普查初步报告［R］. 昆明：国立清华大学国情普查研究所，1940.

四川省选县户口普查委员会. 四川省选县户口普查方案［M］. 成都：四川省选县户口普查委员会，1942.

云南环湖市县户籍示范实施委员会. 云南省户籍示范工作报告［R］. 昆明：国立清华大学国情普查研究所，1944.

杨钟健. 自然论略［M］. 重庆：商务印书馆，1944.

卫挺生，杨承厚. 中国现行主计制度［M］. 上海：商务印书馆，1946.

巫宝三. 中国国民所得（一九三三年）［M］. 上海：中华书局，1947.

黄汲清，等. 丁文江先生地质调查报告［R］. 南京：经济部中央地质调查所，1947.

国民政府主计部统计局．中华民国统计年鉴［M］．南京：中国文化事业公司：1948.

谭熙鸿．十年来之中国经济［M］．上海：中华书局，1948.

孙本文．当代中国社会学［M］．上海：胜利出版公司，1948.

（三）今人论著

胡适，等．丁文江这个人［M］．台北：传记文学出版社，1979.

杨钟健．杨钟健回忆录［M］．北京：地质出版社，1983.

薛暮桥，冯和法．《中国农村》论文选［M］．北京：人民出版社，1983.

陈翰笙．解放前的地主与农民——华南农村危机的研究［M］．北京：中国社会科学出版社，1984.

孙克信，于良华，等．毛泽东调查研究活动简史［M］．北京：中国社会科学出版社，1984.

吕伟俊．韩复榘［M］．山东：山东人民出版社，1985.

章鸿钊．六六自述［M］．武汉：武汉地质学院出版社，1987.

何廉．何廉回忆录［M］．朱佑慈，等译．北京：中国文史出版社，1988.

尹赞勋．往事漫忆［M］．北京：海洋出版社，1988.

朱君毅．民国时期的政府统计工作［M］．北京：中国统计出版社，1988.

黄汲清，潘云唐．翁文灏选集［M］．北京：冶金工业出版社，1989.

翁文灏．翁文灏论经济建设［M］．北京：团结出版社，1989.

祝慈寿. 中国近代工业史［M］. 重庆：重庆出版社，1989.

朱玉湘. 山东近代经济史述丛［M］. 济南：山东大学出版社，1990.

黄汲清，何绍勋. 中国现代地质学家传［M］. 长沙：湖南科学技术出版社，1990.

王鸿祯. 中国地质事业早期史［M］. 北京：北京大学出版社，1990.

郑友揆，程麟荪，张传洪. 旧中国的资源委员会（1932—1949）——史实与评价［M］. 上海：上海社会科学院出版社，1991.

张静如，卞杏英. 国民政府统治时期中国社会之变迁［M］. 北京：中国人民大学出版社，1993.

李慧村，莫曰达. 中国统计史［M］. 北京：中国统计出版社，1993.

黄汲清，潘云唐，谢广连. 丁文江选集［M］. 北京：北京大学出版社，1993.

费正清，费维恺. 剑桥中华民国史（1912—1949 年）［M］. 刘敬坤，等译. 北京：中国社会科学出版社，1994.

柯美林. 蒋介石政府与纳粹德国［M］. 陈谦平，译. 北京：中国青年出版社，1994.

吕伟俊. 民国山东史［M］. 济南：山东人民出版社，1995.

陈尚平，等. 中国近代地震文献编要（1900—1949）［M］. 北京：地震出版社，1995.

王仰之. 中国地质调查所史［M］. 北京：石油工业出版社，1996.

程裕淇，陈梦熊. 前地质调查所（1916—1950）的历史回顾——历史评述与主要贡献［M］. 北京：地质出版社，1996.

梁祖灵，张星华，等. 中国土地管理史［M］. 天津：天津人民出版社，1996.

水延凯. 社会调查教程（修订本）［M］. 北京：中国人民大学出版社，1996.

李学通. 书生从政——翁文灏［M］. 兰州：兰州大学出版社，1996.

吕伟俊. 韩复榘传［M］. 济南：山东人民出版社，1997.

贾兰坡. 悠长的岁月［M］. 长沙：湖南少年儿童出版社，1997.

中国地质科学院. 黄汲清纪念文集［M］. 北京：地质出版社，1998.

逄振镐，江奔东. 山东经济史：近代卷［M］. 济南：济南出版社，1998.

张注洪，王晓秋. 国外中国近现代史研究述评［M］. 北京：中国文史出版社，1999.

黄宗智. 华北的小农经济与社会变迁［M］. 北京：中华书局，2000.

郑杭生，王万俊. 二十世纪中国的社会学本土化［M］. 北京：党建读物出版社，2000.

吴增基，等. 现代社会调查方法［M］. 上海：上海人民出版社，2000.

孙源正，任宝珍. 山东农业害虫天敌［M］. 北京：中国农业出版社，2000.

郑杭生，李迎生. 中国社会学史新编［M］. 北京：高等教育出版社，2000.

郭建民. 章鸿钊［M］. 石家庄：河北教育出版社，2001.

杨雅彬. 近代中国社会学［M］. 北京：中国社会科学出版社，2001.

丁琴海. 科学巨匠：丁文江.［M］. 石家庄：河北教育出版社，2001.

吴承明. 中国社会科学院学者文选：吴承明集［M］. 北京：中国社会科学出版社，2002.

吕伟俊，等. 山东区域现代化研究（1940—1949）［M］. 济南：齐鲁书社，2002.

阎明. 一门学科与一个时代：社会学在中国［M］. 北京：清华大学出版社，2004.

黄河水利委员会. 民国黄河大事记［M］. 郑州：黄河水利出版社，2004.

郭文魁，等. 谢家荣与矿产测勘处——纪念谢家荣教授诞辰100周年［M］. 北京：石油工业出版社，2004.

张蓉. 社会调查研究方法［M］. 北京：高等教育出版社，2005.

李学通. 翁文灏年谱［M］. 济南：山东教育出版社，2005.

姜义华，武克全. 二十世纪中国社会科学：历史学卷［M］. 上海：上海人民出版社，2005.

张九辰. 地质学与民国社会：1916—1950［M］. 济南：山东教育出版社，2005.

薛毅. 国民政府资源委员会研究［M］. 北京：社会科学文献出版社，2005.

谷小水. “少数人”的责任——丁文江的思想与实践［M］. 天津：天津古籍出版社，2005.

李学通. 幻灭的梦——翁文灏与中国早期工业化［M］. 天津：天津古籍出版社，2005.

胡适. 丁文江的传记［M］. 合肥：安徽教育出版社，2006.

莫曰达. 中国近代统计史［M］. 北京：中国统计出版社，2006.

周德民，等. 社会调查原理与方法［M］. 长沙：中南大学出版社，2006.

张彦，吴淑凤. 社会调查研究方法［M］. 上海：上海财经大学出版社，2006.

张宪文. 中华民国史［M］. 南京：南京大学出版社，2006.

黄兴涛，夏明方. 清末民国社会调查与现代社会科学的兴起［M］. 福州：福建教育出版社，2008.

范伟达，王竞，范冰. 中国社会调查史［M］. 上海：复旦大学出版社，2008.

欧阳哲生. 丁文江先生学行录［M］. 北京：中华书局，2008.

欧阳哲生. 丁文江文集［M］. 长沙：湖南教育出版社，2008.

郭红娟. 资源委员会经济管理研究：以抗战时期为核心的考察［M］. 北京：中国社会科学出版社，2009.

翁文灏，李学通. 科学与工业化——翁文灏文存［M］. 北京：中华书局，2009.

欧阳哲生. 科学与政治——丁文江研究［M］. 北京：北京大学出版社，2009.

宋广波. 丁文江年谱［M］. 哈尔滨：黑龙江教育出版社，2009.

五、论文

（一）学位论文

王万俊. 社会调查方法的研究与社会调查方法的运用——二

十世纪上半叶中国社会调查方法的构成解析［D］. 北京：中国人民大学，2000.

卢勇. 国防设计委员会研究初探［D］. 武汉：武汉大学，2003.

程得红. 翁文灏经济思想初探［D］. 武汉：武汉大学，2003.

李章鹏. 现代社会调查在中国的兴起：1897—1937［D］. 北京：中国人民大学，2006.

牟永如. 清末社会调查研究［D］. 武汉：华中师范大学，2008.

刘松. 前中央地质调查所区域地质调查史研究［D］. 北京：中国地质大学，2008.

（二）期刊论文

卢汉龙. 中国人调查中国社会的第一次尝试——关于沈家行的社会调查［J］. 社会，1985（4）.

吴太昌. 国民党政府资源委员会垄断活动述评［J］. 中国经济史研究，1986（3）.

王仰之. 翁文灏与地质调查所［J］. 大自然，1989（2）.

陶诚. 30 年代前后的中国农村调查［J］. 中国社会经济史研究，1990（3）.

曹幸穗. 满铁的中国农村实态调查概述［J］. 中国社会经济史研究，1991（4）.

陈洪鹗. 中国当代地球物理学的开拓者——翁文灏［J］. 国际地震动态，1991（11）.

刘福寿. 资源委员会的性质及历史作用两面观［J］. 中国经济史研究，1993（1）.

王卫星. 国防设计委员会活动评述［J］. 学海，1994（5）.

刘云. 我国社会调查研究历史的回顾 [J]. 新疆大学学报(哲学人文社会科学版), 1994 (4).

严如平. 翁文灏生平概述 [J]. 民国档案, 1994 (3).

戚如高, 周媛. 资源委员会的《三年计划》及其实施 [J]. 民国档案, 1996 (2).

米红, 蒋正华. 民国人口统计调查和资料的研究与评价 [J]. 人口研究, 1996 (2).

米红, 李树茁. 清末民初的两次户口人口调查 [J]. 历史研究, 1997 (1).

韩明谟. 中国社会学调查研究方法和方法论发展的三个里程碑 [J]. 北京大学学报 (哲学社会科学版), 1997 (4).

侯杨方. 宣统年间的人口调查——兼评米红等人论文及其他有关研究 [J]. 历史研究, 1998 (6).

胡旭晟. 20 世纪前期中国之民商事习惯调查及其意义 [J]. 湘潭大学学报 (哲学社会科学版), 1999 (2).

曹幸穗. 民国时期农业调查资料的评价与利用 [J]. 古今农业, 1999 (3).

曹幸穗. 满铁资料的史料学价值 [J]. 世纪桥, 2000 (3).

吴建雍. 民国初期北京的社会调查 [J]. 北京社会科学, 2000 (1).

郑杭生, 王万俊. 论社会学本土化的内涵及其目的 [J]. 吉林大学社会科学学报, 2000 (1).

侯建新. 二十世纪二三十年代中国农村经济调查与研究述评 [J]. 史学月刊, 2000 (4).

盛邦跃. 对卜凯的中国农村社会调查的再认识 [J]. 学海, 2001 (2).

萧承勇. 民国惟一一次国土调查 [J]. 民国春秋, 2001

(3).

久保亨. 关于民国时期工业生产总值的几个问题［J］. 历史研究，2001（5）.

黄耀春，彭道宾. 中央苏区调查统计工作的特点作用及对统计改革的启迪［J］. 统计研究，2001（6）.

甘月文. 论毛泽东调查研究的特点［J］. 内蒙古师大学报（哲学社会科学版），2001（6）.

张泰山. 20世纪30年代前后的中国农村经济调查与成果回顾［J］. 湖北师范学院学报（哲学社会科学版），2002（1）.

王卫星. 资源委员会与中国抗战的经济准备［J］. 民国档案，2003（4）.

李学通. 地质调查所沿革诸问题考［J］. 中国科技史料，2003（4）.

孙涛. 中国早期留日学生的社会调查实践［J］. 中国青年政治学院学报，2004（4）.

李巨澜. 20世纪上半期日本在中国农村惯行调查述评［J］. 河南师范大学学报（哲学社会科学版），2004（4）.

马玉华，齐逾. 国民政府对云南土司的调查［J］. 贵州民族研究，2004（4）.

王卫星. 论国防设计委员会［J］. 学海，2004（6）.

马玉华. 20世纪上半叶民国政府对西南边疆少数民族的调查［J］. 中国边疆史地研究，2005（1）.

马玉华. 试论民国政府对贵州少数民族的调查［J］. 贵州民族研究，2005（2）.

马敏，陆汉文. 民国时期政府统计工作与统计资料述论［J］. 华中师范大学学报（人文社会科学版），2005（6）.

李章鹏. 清末中国现代社会调查肇兴刍论［J］. 清史研究，

2006（2）.

李章鹏. 20世纪二三十年代陈翰笙农村调查的历史考察［J］. 河北学刊，2006（2）.

朱浒，赵丽. 燕大社会调查与中国早期社会学本土化实践［J］. 北京社会科学，2006（4）.

史志宏. 无锡、保定农村调查的历史及现存无、保资料概况［J］. 中国经济史研究，2007（3）.

郑清坡. 试论民国时期农村调查的兴起与发展［J］. 河北大学成人教育学院学报，2008（1）.

刘松同，陈宝国. 前中央地质调查所区域地质调查及成果［J］. 中国地质教育，2008（1）.

李金铮. 定县调查：中国农村社会调查的里程碑［J］. 社会学研究，2008（2）.

牟永如，许小青. 社会调查真开始于民国吗？——以清末社会调查为中心探讨［J］. 甘肃社会科学，2008（2）.

阎明. 近代中国社会调查的涓涓之水［J］. 中国社会导刊，2008（4）.

郑清坡. 民国时期农村经济调查特点解析［J］. 沧州师范专科学校学报，2009（4）.

杨学新，庞琳. 20世纪二三十年代河北农村社会状况调查述评［J］. 河北学刊：2010（4）.

六、工具书

辞海编辑委员会. 辞海（增订本）［M］. 上海：上海辞书出版社，1983.

高清海. 文史哲百科辞典［M］. 长春：吉林大学出版

社，1988.

中国大百科全书编委会. 中国大百科全书·社会学卷［M］. 北京：中国大百科全书出版社，1991.

附　录

地质调查所部分地质调查活动表

时间	调查人	调查对象
1913 年	丁文江	河南北部煤矿
1913 年	丁文江、梭尔格、王锡宾	正太铁路沿线地质矿产
1914—1915 年	丁文江	云南东部地质矿产
1915 年	章鸿钊	安徽各地铁矿
1915 年	翁文灏、曹树声	绥远土默特旗地质矿产
1915—1916 年	丁文江	山东峄县中兴煤矿
1916 年	叶良辅、刘季辰	直隶临榆煤矿
1917 年	叶良辅	浙江长兴地质矿产
1917 年	朱庭祜	湖南耒阳东乡煤矿
1917—1918 年	王竹泉	山西大同一带地质矿产
1918 年	王竹泉	江西吉安、安福、永新一带煤矿
1919 年	李捷	直隶易县、蔚县、涞源、阜平、曲阳、唐县、完县、满城地质矿产

续表

时间	调查人	调查对象
1919 年	刘季辰、赵汝钧	江苏地质矿产
1920 年	朱庭祜、李捷	直隶井陉地质矿产
1921 年	谢家荣	甘肃玉门石油地质
1923 年	谢家荣、刘季辰	湖北大冶、阳新地质矿产
1923 年	王竹泉	陕西北部地质矿产
1923 年	谭锡畴	黑龙江鹤岗煤矿、热河北票煤矿
1924 年	王竹泉	安徽怀远舜耕山煤矿、江西修水流域地质矿产
1924 年	叶良辅、李捷	安徽泾县、宣城、铜陵、南陵等地地质矿产
1925 年	乐森琾、王恒升	京兆白羊城一带地质
1925 年	谭锡畴	热河朝阳、建昌、平泉、赤峰地质矿产
1925 年	谢家荣、刘季辰	湖北枝江、宜都、长阳、五峰、鹤峰、来凤、咸丰地质矿产
1925 年	叶良辅、李捷	安徽繁昌、芜湖、郎溪、广德、当涂、和县、含山、无为、巢县地质矿产
1925 年	叶良辅、李捷	安徽贵池地质矿产
1925 年	王竹泉	河南武安、涉县、林县、安阳地质矿产
1925 年	王竹泉	绥远大青山地质矿产
1925 年	谭锡畴	奉天抚顺石门寨、营盘一带煤矿
1925 年	谭锡畴	奉天黑山八道壕煤矿
1926 年	袁复礼	山西临汾等地地质矿产

续表

时间	调查人	调查对象
1926 年	乐森玙、王竹泉、王恒升	江西九江、星子地质矿产
1926 年	李捷	安徽怀宁、潜山、桐城、庐江地质矿产
1926 年	叶良辅	安徽青阳、太平、旌德、宁国地质矿产
1926 年	田奇镌	浙江于潜、孝丰、安吉、长兴地质矿产
1927 年	翁文灏、王恒升	热河朝阳北票煤矿
1927 年	王竹泉	辽宁复县五湖嘴煤矿
1927 年	王恒升	直隶井陉，山西晋阳、平定地质矿产
1927 年	王绍文	京兆南口、虎峪、花塔等处地质矿产
1927 年	李捷等人	京兆房山地质矿产
1927 年	王竹泉	直隶井陉、获鹿、曲周、唐县地质矿产
1927 年	王曰伦、王景尊	正太铁路沿线地质矿产
1927 年	王竹泉	直隶井陉雪花山地质
1928 年	翁文灏、黄汲清、朱森、李春昱、杨曾威	热河朝阳北票地质矿产
1928 年	谭锡畴、王恒升	黑龙江布西、嫩江、克山等地煤矿
1928 年	王竹泉、黄汲清	热河阜新煤矿
1928 年	王竹泉	奉天本溪田师傅沟煤矿，吉林西安煤矿、蛟河煤矿
1928 年	黄汲清	奉天本溪小市煤矿

续表

时间	调查人	调查对象
1928 年	王景尊、王曰伦	正太铁路沿线地质矿产
1928 年	赵亚曾、侯德封、李春昱	河北开平地质矿产
1929 年	孙健初、王曰伦	河北宣化、怀来一带地质矿产
1929 年	孙健初、王曰伦	热河承德一带地质矿产
1929 年	侯德封	太行山东麓地质矿产
1930 年	孙健初	绥远地质矿产
1930 年	谢家荣	江苏铜山贾汪煤矿
1930 年	谢家荣、孙健初	安徽繁昌、当涂、铜陵、贵池铁矿
1931 年	孙健初、侯德封	东北地区地质矿产
1931 年	翁文灏、刘季辰、计荣森	安徽北部煤矿
1931 年	王竹泉	山东博山煤矿、淄川铝矿
1931 年	王曰伦	云南东部曲靖、沾益、马龙等地泥盆纪、志留纪及下寒武纪地层
1932 年	尹赞勋	山西大同城东火山区
1932 年	孙健初	绥远地质矿产
1932 年	计荣森、高平	湖南湘乡煤矿
1932 年	王竹泉、潘钟祥	陕西绥德、清涧、延川、延安等地地质矿产
1932 年	王竹泉、计荣森	河北宛平门头沟煤矿
1932 年	计荣森	安徽怀远舜耕山煤矿
1932 年	王竹泉、熊永先	湖南常宁、桂阳砒矿
1932 年	王曰伦	云南个旧锡矿
1932 年	杨钟健、德日进	河北井陉，河南渑池、新安，山西平陆等地地质矿产

续表

时间	调查人	调查对象
1933 年	孙健初	绥远地质矿产
1933 年	王竹泉、潘钟祥、周宗浚	陕西肤施、延长石油地质
1933 年	侯德封	河北涞源石棉矿
1933 年	王竹泉、潘钟祥、周宗浚	陕西韩城煤矿
1933 年	高平	江西玉山、广丰煤矿
1933 年	孙健初	河南禹县、密县煤矿
1933 年	程裕淇、陈恺	安徽庐江矾矿
1934 年	程裕淇、熊永先	湖南沅陵柳林汊金矿
1934 年	朱熙人、熊永先	湖北竹山铜矿
1934 年	王曰伦、程裕淇、刘祖彝	湖南宁乡、茶陵等地铁矿
1934 年	谢家荣、程裕淇	湖南中部铅锌矿
1935 年	谢家荣	河北遵化金矿
1935 年	高平、徐克勤	江西萍乡、分宜、吉安地质矿产
1935 年	杨钟健、卞美年	甘肃兰州阿干镇一带地质矿产
1936 年	孙健初	湖北大冶铁矿
1936 年	计荣森、许德佑、盛莘夫	江苏南京附近三叠纪地层
1936 年	孙健初、曾世英	湖北鄂城灵乡铁矿
1936 年	朱熙人、周宗浚	四川彭县铜矿
1936 年	南延宗、丁毅	安徽休宁里广山锑矿
1936 年	黄汲清、许德佑	浙江杭州西湖地质
1936 年	黄汲清、阮维周、丁毅	安徽九华山地质
1936 年	陈恺、南延宗	安徽无为、庐江、桐城三县交界处的三公山矾矿

续表

时间	调查人	调查对象
1936 年	计荣森、许德佑、王钰	湖北宜昌、远安、当阳等地地质矿产
1936 年	李连捷、马溶之	河南西部、山西南部棉田土壤
1937 年	谢家荣、李善邦	湖南常宁水口山铅锌矿
1937 年	高振西、王植	广西桂平、武宣、贵县、横县、宾阳、扶南等地地质矿产
1937 年	王竹泉、李悦言	北平西山杨家屯煤矿
1937 年	黄汲清、毕庆昌、边兆祥	安徽宣城、宁国一带煤矿
1937 年	计荣森、叶连俊	湖南湘潭锰矿
1937 年	许德佑、岳希新	湖北秭归香溪煤矿
1937 年	王曰伦	湖北武昌花山铁矿
1937 年	陈国达	广东英德、清远一带黄铁矿
1938 年	杨钟健、卞美年、李悦言	湖南浏阳、湘潭等地地质矿产
1938 年	王曰伦、边兆祥	湖南祁阳煤矿
1938 年	熊毅、宋达泉、马溶之、刘海蓬	湖南郴县、桃源土壤
1938 年	卞美年	云南元谋、禄丰等地地质矿产
1938 年	阮维周	湖北鄂城灵乡铁矿、武昌土地堂煤矿
1938 年	王竹泉、路兆洽	云南开远鸟格煤矿
1938 年	王曰伦	云南昆阳、龙武铁矿
1938 年	张兆瑾	广西南丹、河池锡矿
1938 年	王钰、叶连俊	四川屏山油页岩
1938 年	孙健初、崔林根	甘肃玉门老君庙石油地质

续表

时间	调查人	调查对象
1938 年	路兆洽、白家驹	云南蒙化铁矿
1939 年	路兆洽、白家驹	云南永胜金矿
1939 年	程裕淇	云南昆阳磷矿
1939 年	王钰、叶连俊	四川乐山、犍为油页岩
1939 年	岳希新、赵家骧、陈秉范	四川威远油田
1939 年	李悦言、陈秉范	四川北部盐矿
1939 年	丁毅	四川嘉定大渡河沿岸的黄铁矿及耐火材料
1939 年	王曰伦、毕庆昌	云南鲁甸乐马厂铅银矿
1939 年	程裕淇、崔克信、周德忠	西康沙金矿
1939 年	李树勋、彭琪瑞	西康铜矿
1939 年	张兆瑾、李树勋	贵州独山锑矿
1939 年	王恒升、周宗浚、黄懿	云南祥云煤矿
1939 年	路兆洽、白家驹	云南禄丰一平浪煤矿
1939 年	毕庆昌	云南新平金矿
1939 年	黄懿	云南易门铁矿
1939 年	许德佑	广西东兰、贵州贵阳等地三叠纪地层
1939 年	程裕淇、崔克信、周德忠、胡熙赓	四川冕宁铁矿山磁铁矿
1939 年	阮维周	四川会理白果湾煤矿
1940 年	李悦言	四川叙永地质矿产
1940 年	许德佑、卞美年、边兆祥	云南昆明附近地质矿产
1940 年	王钰	四川蓬安盐矿及天然气

续表

时间	调查人	调查对象
1940 年	程裕淇、崔克信、周德忠、胡熙赓	西康冕宁、会理一带沙金矿、煤矿、铁矿
1940 年	张兆瑾	贵州东部地质矿产
1940 年	路兆洽、徐铁良	云南弥勒介千村煤矿
1940 年	路兆洽、白家驹	云南凤仪石磺厂雌黄矿
1940 年	彭琪瑞	四川菱铁矿、贵州褐铁矿
1940 年	计荣森、霍世诚	贵州独山、都匀一带地质矿产
1940 年	王曰伦	云南昆阳磷矿
1940 年	曾繁礽	云南永仁那拉箐煤矿
1941 年	杨钟健、卞美年、米泰恒	四川广元、陕西汉中、甘肃天水等地地质矿产
1942 年	王曰伦、路兆洽	甘肃南部及青海东部地质矿产
1942 年	黄汲清、曾鼎乾、李陶	四川二叠纪地层
1942 年	王超翔	四川雷波铁矿
1942 年	王钰、陈梦熊	贵州北部下古生代地层
1942 年	许德佑、陈康	贵州西部三叠纪地层
1942 年	李悦言、关士聪	云南禄丰等地盐矿
1943 年	王曰伦等人	甘肃地质矿产
1943 年	许德佑	贵州紫云汞矿
1943 年	卢衍豪、郭宗山	陕甘边界一带地质矿产
1943 年	尹赞勋、秦鼐、谌义睿	贵州遵义地质矿产
1943 年	王超翔	广东北部钨矿
1943 年	边兆祥、李星学	宁夏贺兰山地质矿产

续表

时间	调查人	调查对象
1944 年	王超翔、李广源	贵州独山、都匀一带地质矿产
1944 年	朱夏、秦鼐	贵州遵义、湄潭一带地质及当地锰矿
1944 年	陈秉范、顾知微、刘泽坤	四川江油石油地质
1944 年	曾鼎乾、顾知微	四川乐山铜街子一带地质矿产
1944 年	黄劭显、杜恒俭、卢振兴	宁夏贺兰山地质矿产
1944 年	何春荪、刘增乾	甘肃华亭煤矿
1944 年	岳希新、米泰恒	新疆伊犁一带地质矿产
1944 年	宋叔和、关士聪	新疆伽师、疏附地质矿产
1944 年	席承藩	江西、福建、浙江、安徽茶区土壤
1945 年	宋叔和、关士聪	新疆伊犁、吐鲁番、达坂城地质矿产
1945 年	徐铁良、乔作栻	甘肃岷县、武都、成县一带地质矿产
1945 年	胡敏	甘肃永靖、临夏一带地质矿产
1945 年	何春荪、王曰伦	甘肃静宁罐子峡石墨矿
1945 年	郭宗山、杜恒俭	甘肃山丹附近地质矿产
1945 年	何春荪、张尔道	陕西同官、白水、宜君一带煤矿
1945 年	彭琪瑞、罗明远	西康泸定云母、石棉等矿
1945 年	马溶之	青海土壤
1946 年	侯德封、陈梦熊、姜达权、刘秉俊	三峡地区水利水电工程地质
1946 年	黄汲清、刘东生等人	四川重庆白店子天府煤矿附近地质
1946 年	尹赞勋、穆恩之	四川广元、峨眉地质矿产

续表

时间	调查人	调查对象
1946 年	徐克勤、王超翔、彭琪瑞	广东、广西、湖南、江西四省的特种矿产
1947 年	黄懿、朱福湘	江西南部地质矿产
1947 年	尹赞勋	甘肃玉门、敦煌一带地质矿产
1947 年	姜达权	台湾大甲溪水电站工程地质
1948 年	王超翔、边效曾	湖南资水东平峡筑坝区工程地质
1948 年	高振西、楚旭春	湖北蒲圻、嘉鱼、大冶、阳新等地煤矿

致 谢

本书是在我博士论文的基础上完成的。在书籍即将出版之际，心中百感交集。时间如白驹过隙，三年的博士生涯匆匆而逝，回首往事，酸甜苦辣涌上心头。值得欣慰的是在读书期间得到了老师和同学的悉心帮助，得到了家人的大力支持。

感谢我的导师吕伟俊教授，老师治学严谨，胸怀博大，颇具仁者风范，使学生受益匪浅。我犹记得 2012 年农历新年期间，老师牺牲了休息时间，夜以继日的为我修改论文，大年初四凌晨四点不顾天气寒冷起床为我修改文章，学生甚为感动，多日唏嘘不已，我的论文字里行间凝聚着老师的心血，老师的恩情我将永生不忘。

感谢我的导师于化民教授，老师胸怀坦荡，始终设身处地为学生着想，在论文选题、资料收集、结构设定过程中，导师始终给予我积极的鼓励与指导。由于我与老师身居两地，没有经常看望老师，心中甚是愧疚，好在来日方长，希望以后能有更多机会聆听老师的教诲。

本人资质平平，完成一篇博士论文绝非易事，幸有两位老师悉心的指导，老师渊博的学识和严谨的治学态度令我受益终生。

感谢徐畅老师、刘平老师、胡卫清老师等对论文提出的宝贵指导意见，他们的治学理念本人都一一铭记在心，感谢我的硕士导师魏永生老师对我的帮助和指导，感谢学院资料室、学校图书馆、山东省档案馆、山东省图书馆的诸位老师，他们为论文的资料查询提供了无私的帮助。

感谢学院的王长青老师和杨杰老师为我付出的辛勤劳动。

感谢我的家人尤其是公公、婆婆在论文写作过程中给予我生活上的帮助和支持。

由于本人水平有限，疏漏之处在所难免，恳请各位专家和阅者批评指正，本人不胜感激。

本书获得济南大学出版基金资助，岳麓书社的胡宝亮编辑为本书付出心力颇多，谨致谢忱。

任伟伟

2015 年 4 月 6 日

图书在版编目(CIP)数据

南京国民政府社会调查研究/任伟伟著. —长沙:岳麓书社,2017.1
(2024.9 重印)
ISBN 978-7-5538-0512-2

Ⅰ.①南... Ⅱ.①任... Ⅲ.①社会调查—研究—中国—民国
Ⅳ.①D693.79

中国版本图书馆 CIP 数据核字(2015)第 316358 号

NANJING GUOMINZHENGFU SHEHUI DIAOCHA YANJIU

南京国民政府社会调查研究

作　　者:任伟伟
责任编辑:胡宝亮
责任校对:舒　舍
书籍设计:萧睿子

岳麓书社出版发行
地址:湖南省长沙市爱民路 47 号
直销电话:0731-88804152　0731-88885616
邮编:410006
岳麓书社网址 www.yueluhistory.com

2017 年 1 月第 1 版　2024 年 9 月第 2 次印刷
开本:890mm×1240mm　1/32
印张:6.875
字数:232 千字
ISBN 978-7-5538-0512-2
定价:78.00 元

承印:唐山楠萍印务有限公司

如有印装质量问题,请与本社印务部联系
电话:0731-88884129